野火集

三十年前寫《野火集》時，我的社會處在一個壓抑的、萬馬齊瘖的時代。三十年後，卻是一個喧囂震耳、大鳴大放的時代。《野火》在怯懦寂靜的時代裡鼓吹呼喊和行動，在喧囂的時代裡——畢竟增長了三十年的智慧，我們已經明白：沒有呼喊和行動就沒有進步，但是沒有深思和明辨就沒有方向。

——龍應台

中國時報 中華民國七十三年十一月二十日 星期二 第八版 《人間》

人間採訪 胡金銓

職業訓練 〈述古道今〉 文也白

圓房 彭小妍

中國人，你為什麼不生氣

龍應台

從「畫壺」到「傀儡」 汪鎏定

飲馬流花河

胡二 陳若曦

▲ 一九八四年十一月二十日，龍應台在《中國時報》發表〈中國人，你為什麼不生氣〉，點燃第一把火

《回應與挑戰》

該生氣就生氣，該說話就說話

／王民雄

1984.11.27

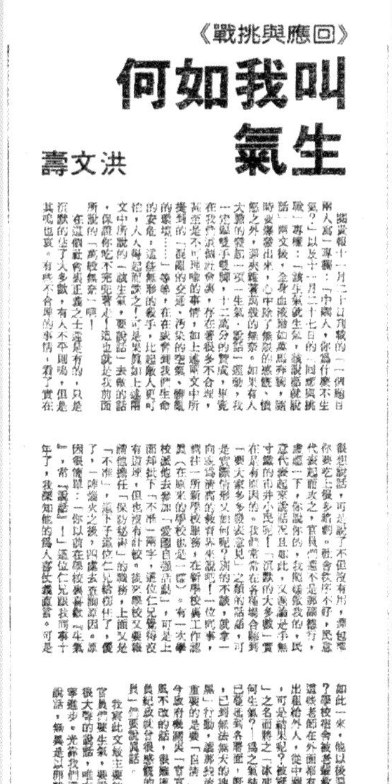
《回應與挑戰》

叫我如何生氣

洪文壽

1984.12.7

中國時報

《述古道今》

生氣的效用

文也白

1985.1.25

回應與挑戰

為什麼要生氣

孫觀漢

1984.12.1

▲點火之後，各界迴響

幼稚園大學

《野火集》

龍應台

攝影／胡錫財

〈回應與挑戰〉

「著書今與洗煩冤」

汪榮祖先生「腹有文章供笑謔」讀後

／余英時

香港

●周策縱

▲一九八五年三月十四日《中國時報》刊出〈幼稚園大學〉再度激起教育界、學界熱烈討論

自立副刊

天羅地網 /龍應台

〔原住民文物細看〕⑪ 夾織方巾 /陳正雄

〔鄉土記事〕/莊永明/

「弱者之末路」事件

〔台灣歲時節俗〕/高賢治

釋迦聖誕洗佛節

印加古文化的誘惑

▲一九八六年五月十七日《自立晚報》刊出〈天羅地網〉

◀三十年來，持續再版的《野火集》：

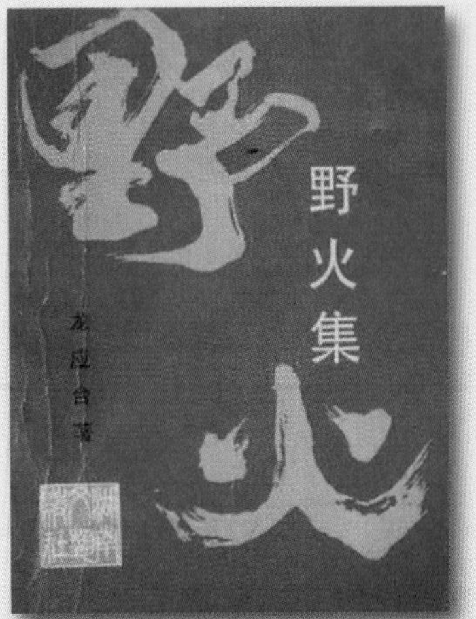

一九八八年一月發行簡體版《野火集》（長沙：湖南文藝）

一九八五年十二月《野火集》首次成書（台北：圓神），創下不到二十一天再版二十四次的紀錄

一九九二年《野火集》
突破一百五十刷紀念版（台北：圓神）

一九八六年《野火集》
（香港：博益）

二〇一四年五月，簡體版《野火集》三十週年紀念版（桂林：廣西師範大學）

二〇〇五年五月《野火集》二十週年紀念版（台北：時報）

二〇一五年六月《野火集》三十週年紀念版（香港：天地圖書）

二〇〇五年八月《野火集》紀念版（馬來西亞：星洲日報）

談自己的書

龍應台談「野火集」

把面具撕破來看

編輯部

龍應台是近年文化批評界竄升最快、也最引人爭議的一顆星。她一手寫文學批評，一手寫社會批評。鋒利的文詞、咄咄逼人的氣勢、當仁不讓的態度，使她的文章迅速被熱情的知識份子爭誦，也引起了意見相左的文壇報界接二連三的批判。稱讚的人說，她的批評雖然尖銳，但卻充滿了「誠意」；批評的人說，她太嘩眾取寵。

她的社會批評「野火集」，出版未滿一個月時已躍為暢銷書排行第一名，目前不到三個月已出版了三十幾版，除了深受年輕人的歡迎外，也有不少工商界人士，大批買了「野火集」送給同事與友人。

為什麼龍應台和她的書會引起這麼多人的重視和爭議？三十四歲的龍應台——長髮、纖細而結實，剛剛當了母親——在接受天下雜誌的訪問時，坦率地分析了她對這陣突來的「龍旋風」的看法。

問：你為什麼要寫社會批評？那些社會現象你看是最值得批評的？

答：寫社會批評，倒不是有心，其實是無心插柳的結果。我當初是在沙士飲料事件發生的時候，看到一位立法委員在電視上說：「應該照顧生意人，」反而置大眾的健康於不顧，氣憤之下，寫了那篇「中國人，你為什麼不生氣？」沒有想到，就這樣的一篇篇寫下來了。

開始的時候，做為一個台北的小市民，我發覺我們社會之中，所謂脫序的現象——很多秩序亂七八糟的現象，是因為民眾本身的自覺程度不夠。第二個注意的層次，是跟我自己的職業有關，就是教育方面，尤其是大學教育，所以有幾篇是關於大學教育方面的批評，因為社會問題再怎麼說，到最後歸根究底，就是教育的問題。如何從根本做起。第三個我覺得值得批評的，是言論自由的尺度。

期待台灣更文明

多一些會生氣的人

批判、容忍、思考、自覺

就事論事

1985年《野火集》(圓神出版社)

◀一九八六年三月一日，《天下》雜誌專訪龍應台，談「野火」

龍應台

野火集

三十週年紀念版

目次

從「一九八四」出發

在「一九八四」以後

野火二十年

台灣的一路走來
——寫於《野火集》三十週年

在德國生活的時候，發現很多有孩子的人會在房間的門柱上畫出一個身高尺，從地面往上標出公分80、100、120、140……爾後長大離家的孩子回到自己的小房間時，永遠看得到自己成長的刻度。

一九八六年一月上市的《野火集》，大概就是一把標記台灣成長刻度的尺。

二〇一六年一月十六日的晚上，大批群眾擠在廣場和街道上看總統大選開票。「群眾最外面的一圈，」一個香港記者跟我說，「都是講廣東話的。」

其實不只，外圈還有很多、很多捲舌講標準「普通話」的。每四年一次，像到麥加一樣，香港和大陸關心政治發展的人會匯聚到台灣來。他們在情緒高昂、人潮湧動的台北街頭眼神相遇，「有一種他鄉遇故知的奇妙的感覺。」

他們來看的是台灣的成長刻度，因為台灣，已經變成華人世界拿來衡量自己的一把相當重要的尺。

三十年，台灣成長的刻度究竟在哪裡呢？

三十年前，雖然事後來看，距離一九八七的解嚴只有兩年不到了，但是在當時的隧道裡，其實完全看不見盡頭有光。就如同驚天動地的柏林圍牆倒塌的前一刻，人們還無法想像會有這麼一天。

寫在一九八四、八五年的《野火》所反映出的台灣，政府的威權無所不在，人民在壓抑中悶聲不語。環境汙染、食品造假、金融失序、思想箝制、教育僵化的重重問題如烏雲籠罩。在髒亂不堪的公共空間裡到處都是盛氣凌人的官員、忍氣吞聲的國民、見死不救的路人、唯唯諾諾的學生。

三十年後，台灣確實是脫胎換骨了。雖然餿油和頂新食品問題的爆發彷彿時光倒流三十年，但是政治的發展一日千里，一九八六年才在威權的陰影下艱辛成立的政黨，三十年後非但已經入主總統府，而且破天荒掌權國會。人民和政府的關係也已經對調，人民力量壯大到一個程度。

三十年後重讀《野火》，有觸電的感覺。原來一個幾千萬人組成的社會和一個孩子一樣，在短短三十年內竟有如此鮮明的成長刻度——一條一條肋骨都看得見；原來三十年前的問題解決了之後，我們會生出一堆更複雜、更難纏的新問題，需要面對。

好像在一個操場跑步，跑完一圈之後發現原來這是一場超級馬拉松長跑——後面還有五十圈、一百圈、兩百圈……同樣是經過司令台，第一圈和第一百圈，看見的未來可太不一樣了。但是如果在往前奔的熱切中不知道曾經的起點是什麼，對未來路線的判斷極可能是失準的吧。

《野火》刻度照見的是台灣的一路走來。

歷史的眼神

——寫給大陸讀者

1

「野火」的第一篇《中國人，你為什麼不生氣》寫於一九八四年。

一九八四年的台灣，美術館還可能因為害怕被指控為「親共」而將藝術家的作品逕自塗改；繞著彎批評時政的作者隨時擔心被有關單位請去「喝茶」；人民申請成立社團往往沒有法律途徑而即使許可也會被百般刁難。表面上也許是食品的造假、環境的汙染、個別員警的霸凌，或是一個單純的司法判決不公，但是往深層挖下去，卻都和集權有關。因為集權，所以資訊不完整，所以程序不透明，所以結論可以操縱，所以掌權者可以濫權而人民無力挑戰。

集權，其實是有明確特徵的。街上穿著制服的人用什麼態度對不穿制服的人說話；辦一件簡單的事情要跑多少個機關蓋多少個官印；書店裡買得到和買不到的是些什麼樣的書；最宏大的廣場上豎起的是什麼類的紀念碑、什麼人的銅像；新聞主播用什麼樣的語調和用詞描述什麼樣的事件；災難發生時，人們看見的是英明的救災領導還是哀苦無告的災民……

但是，更多，是看不見聽不到的。黑牢裡逐漸腐爛的垂著頭的人形，看不見。纏訟中折斷了青春的人想說的話，聽不見。臨刑的人在粗糙草紙上寫下的字，讀不到。假奶粉假酒假食品和環境中種種災難背後鎖在檔案櫃裡的公文和批示，拿不到。

風在吹，雲在走，人在思想，博弈在拉鋸，前進和後退在迂迴交錯，價值在驚奇翻轉。於歷史長河的大腳本中，台灣三十年這個篇章，埋著太多深沉的細節。三十年中，台灣的執政黨和在野黨已經換了幾回；有的政治犯竟做了領袖，有的領袖竟進了牢房。莊嚴的變成嘲諷，瑣碎的突然偉大，真誠可能叫作懦弱，虛偽可能叫作務實。每一個文本中簡單的細節，都需要十倍的注腳。

2

二〇一四年，曾經負責思想管控和政府宣傳的機構——新聞局，已經解散兩年，納入了文化部，卸下從前審查和管制的任務，成為文化的扶植者。三十年前寫「野火」的作者成為公務員，從早到晚開無數的會議，把從前的法令一則一則盤點，一個一個廢除，一條一條修改。譬如「電影法」，規定每一部電影都必須在事先取得政府的映演許可，不給許可，就不能上映。修法會議中修到「關鍵」的第二十六條，我在會議進行中不禁微笑：

第二十六條電影片不得有下列情形之一：
一、損害國家利益或民族尊嚴。
二、違背國家政策或政府法令。
三、煽惑他人犯罪或違背法令。
……
六、提倡無稽邪說或淆亂視聽。
七、汙蔑古聖先賢或歪曲史實。

這部「電影法」源自民國十九年制定的「電影檢查法」，修修補補輾轉到今天，仍是一部控制的工具，總共五十八條。二〇一四年，我們把它刪減成二十四條。處理「電影法」讓我在會議中發笑，處理人權歷史卻讓我潸然。五〇年代的台灣，很多人因為「左傾」而被槍斃。文化部從南到北密集地為倖存的當事人和受難者的家屬做口述歷史，同時從散置各情治和國防部門的塵封的檔案裡爬梳，尋找被封鎖、被遺忘多年的日記和遺書。阿里山鄒族的青年高一生在一九五四年被槍斃。六十年後，這一紙從沒被日光照到的遺書突然攤開在我眼前：

我所思念的春芳：
得知你安好，感到萬分欣慰。
「不管多少黃金、白銀和寶玉，也不如寶貝兒女珍貴！」
還記得這首歌嗎？只要有家和土地就好，因為有很多優秀的兒女。
物品沒收也無妨，我的冤罪，以後會昭明。
縫紉機被沒收之前，很想穿著你親身縫製的衣物，

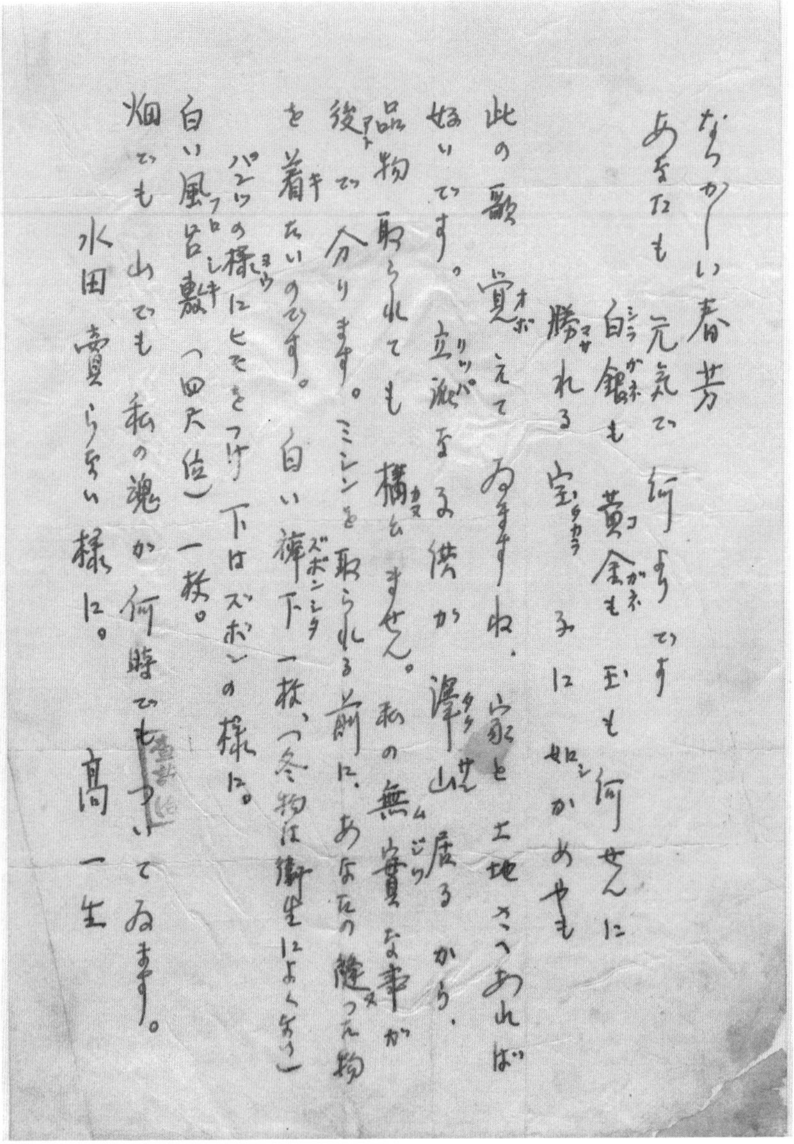

なつかしい春芳
あなたも元気で何よりです
白銀も黄金も玉も何せんに
勝れる宝子にしかめやも
此の歌覚えてゐますね。家と土地さへあれば
好いです。立派な子供が澤山居るから、
品物取られても構いません。私の無實な事が
後で分ります。ミシンを取られる前に、あなたの縫った物
を着たいのです。白い褌下一枚、（冬物は衛生によく無い）
パンツの様にヒモをつけ下はズボンの様に。
白い風呂敷（四尺位）一枚。
畑でも山でも私の魂か何時でもついてゐます。
水田賣らない様に。　高一生

國家人權博物館藏／高英傑先生捐贈

白色的襯褲，短褲式有褲帶，底下像西褲。
縫製一塊四尺見方白色包袱巾。
在田地、在山中，我的魂魄，隨時隨地陪伴著。
水田不要賣！

高一生

一封一封家屬從未收到的遺書，我們在六十年後一封一封鞠躬奉還。

3

天黑時，推著自行車離開辦公室。垃圾車的音樂響著，從遠處漸行漸近，然後卡車在我面前停住。夜色燈火中，家家戶戶的人從深巷湧出，手裡拎著大大小小的垃圾袋，邊寒暄邊走向垃圾車，井然有序。每天晚上準時七點，全城數百萬的市民同時走到巷口處理垃圾——全城幾乎沒有垃圾桶，而地上沒有過夜的垃圾。外國人來到台北，「觀光」節目之一就是晚上七點到街頭巷口去看台北人丟垃圾，看得目瞪口呆，說：「怎麼可能？」

我真的覺得，歷史從來沒有終結這回事。它有體溫，有呼吸，它微微的嘆息和欲呼喚的眼神，只要你看，就在那裡，如此的清晰啊。

二〇一四年二月二十八日台北

大陸版《野火集》三十週年紀念版序文，廣西師範大學，二〇一四年

救生艇裡放聲唱歌

——給香港的九〇後

有一個「九〇後」，我非常欣賞。他是九四年出生的。

因為與掌權者持不同意見，他在新世紀的第十五年，也就是他二十一歲的時候，就被驅逐出境。後來當然也數度下過監獄。他寫的書，曾經被禁、被下令燒毀。而他所對抗的掌權者，並不一定是政府或者國家領袖，有時候，是代表道德高度的信仰，譬如宗教；有時候，是代表群眾路線的思維，譬如迷信。

因為批判宗教，他死後得不到教會的儀式安魂，被悄悄地安靜地埋葬，但是死後十三年，當革命風起雲湧，人們體會到，他才是真正的時代的先知，又用國葬的隆重大禮把他的骨骸迎回。

生於一六九四年的伏爾泰，其實就是一個三百年前的「九〇後」。看見了獨裁體制的不公不義，看穿了宗教組織的偽善和獨斷，這個聰慧機敏的九〇後用筆的力量，在巴黎、倫敦、日內瓦的思想街頭馳騁；三百年後的九〇後們，用各種方法在試探權力的看不見的那條線，在紐約、伊斯坦堡、開羅、曼谷、台北、香港的街頭和廣場奔走。

三百年，世界變了很多，但是根本性的問題，九〇後青年伏爾泰所思索追究的問題，並未改變；譬如說，權力的拳頭到哪裡必須停止？自由的極限可以擴張到多大，由誰來界定？譬如說，追求真理很重要，容忍也很重要，但是當追求真理必須殘酷而與容忍的精神相違背時，你站到哪一邊去？

伏爾泰說過的一句話，讓後來的人——幾乎是全世界的人，一再地傳誦、引用：「我不同意你的看法，但是我誓死維護你說出看法的權利。」雖然歷史翻案者說，他的逐字原文並非如此，但是這句話確實代表了他一輩子的信仰和堅持。

我注意到的是，他還說了很多別的話，意義之深刻，令我在三百年後看著今日局勢的忽冷忽熱、權力的忽東忽西、價值的忽上忽下，仍舊驚詫不已。

他說，歷史？歷史就是大家都共同接受、贊同的謊言。

他說，真正糟糕的其實不是貧富不均而是依賴的形成。

他說，我們要熱愛真理，但是也必須懂得原諒犯錯……

三十年前寫《野火集》時，我的社會處在一個壓抑的、萬馬齊瘖的時代。三十年後，卻是一個喧囂震耳、大鳴大放的時代。《野火》在怯懦寂靜的時代裡鼓吹呼喊和行動，在喧囂的時代裡——畢竟增長了三十年的智慧，我們已經明白：沒有呼喊和行動就沒有進步，但是沒有深思和明辨就沒有方向。現在的變局所要求於今天的九〇後的，不僅只是勇敢，還要求智慧、眼光，以及迎向陽光、迎向風雨的信心。我用三百年前的九〇後伏爾泰的一句話送給今天香港的九〇後：

Life is a shipwreck but we must remember to sing in the lifeboats.

香港版《野火集》三十週年紀念版序文，天地圖書，二〇一五年

新的「野火」，從哪裡開始？

——寫於《野火集》二十週年

網上「維基百科」是個驚人的創舉：任何人可以上網去把自己的見解和知識寫成辭條定義，任何人也可以去修訂前面那個傢伙所下的定義，然後等待被後面的人——如果他有更準確的訊息、更精闢的見解，將你推翻。也可能後面那一位是個罕見的「大說謊家」，篡奪解釋、顛覆是非，可是總有人起而反對。《洛杉磯時報》夠大膽，將自己的社論拿出來，歡迎讀者用「維基加注」的方式，對社論進行改寫。（這個創意提出兩天之後，就被撤回。革命，通常包含著自己推翻自己或吞噬自己的危險。）

「野火」二十年了。當年充滿理想，立志要改變社會的二十歲的人，今年四十歲，今天的你在哪裡？浪漫的理想主義仍舊是生命的動力？或者，它早已被平凡生活磨損和冷卻？或者，完全被懷疑和無所謂取代？

在二十年的漫遊途中，我曾經和幾個人偶遇：那深入部落為原住民孩子爭取權益的，那回到烏坵孤島去為窮鄉僻壤努力的，那起而行組織了全國環保運動的……台灣的文化底蘊，很大一部分是在這些人的堅持和努力中累積了厚度。但是，是不是也有很多人，疲累不堪，被打敗了？被什麼打敗？

我們的上一代，受戰亂和貧窮之苦，期望我們這一代溫飽安定了，但是受威權統治之苦，期望下一代在沒有恐懼、沒有控制的自由環境中成長。

今天二十歲的人，當年才出生，也真的就在我們所努力、所祈求的環境中長大了，今天和我們站在一樣的高度上，眼睛與我們平視。我好奇，當年的「幼稚園大學」，現在是什麼？當年的大學生，在威權政體長期的控制和操弄下，往往遇事「淚眼汪汪」、「沒有意見」、「不知道」[1]；今天，在民主政治中成長的大學生，是不是多了很多「能思考」、「能判斷」、「有勇氣良知」呢[2]？或者說，二十年裡，價值翻轉到一個程度，所謂思考、判斷，所謂勇氣良知，都不再是一種值得追求的價值？

倒是我自己，在寫過「野火」二十年之後，世界看得愈多，困惑愈多，答案愈少。如果下面的文本攤開來請今天的大學生來「維基加注」，你會怎麼加呢？

今天的新瓶裝昨天的餿酒

譬如說，我承認民主讓我困惑。（是否觀察過、比較過，印度的民主、俄羅斯的民主、拉丁美洲的民主，跟台灣的民主比起來，如何？我們是更糟呢，還是不錯？）

民主以後，台北每年有跨年晚會，市政府廣場和總統府廣場，在一條街的兩頭，同時舉行。但是總統府和市政府分屬不同政黨主政，所以是一個較勁的局面。目前看起來總統府錢多，場面也比較豪華。兩邊請的都是偶像流行歌手，而不是交響樂團或民族音樂或地方戲曲，因為，主政者鎖定吸引的「顧客」，是年輕人。

在威權時代，統治者有一套籠絡年輕人的方法。當年救國團每個寒暑假舉辦青年戰鬥營，設計種種「育樂」活動讓年輕人參加，同時將政治意識型態，像把糖置入咖啡一樣，溶入歌舞昇平、歡樂光明的活動裡，很輕易地就贏得青年人對執政者的好感、信賴和忠誠。在對統治者的「愛戴」裡，有很大一部分是真誠的。

威權被我們「打敗」了，民主了。成千上萬的年輕人在廣場上搖晃手裡的金光閃閃，在青春洋溢的歌聲裡，露出熱切而幸福的表情。當他們情緒裡的快樂和感恩激素漲到最高度時，政治人物上場了：他打扮成「超人」或「蝙蝠俠」，他穿著和年輕人一樣輕鬆而「酷」的服裝，講著和年輕人一樣俏皮的語言，做出年輕人熟悉的手勢。當他湊近麥克風大聲說：「好不好——」廣場上的群眾，一如他所期待的，響雷一樣地歡呼回應，「好——」。（你在場嗎？）

不管是燈節、耶誕節，不管是掛著什麼名目的文藝季，不管是北中南城市或鄉下，到處都是這樣的歌舞昇平、歡樂光明，而在舞台和燈光的後面，基本上是這樣的操作：該不該有藝文活動，不是看文化發展的內在需要，而是看政治人物的政治需要。他需要的是高曝光率，需要的是選民的好感、信賴和忠誠。於是從預算的編列到預算的使用，從晚會的時機地點到宣傳的文字調性，從圖騰的挑選到節目的設計，絲絲入扣，扣住的是如何行銷這個政治人物，累積選票。在太多的場合裡，所謂文化，所謂藝術，其實包裹在選舉的規劃裡，花的是公家的錢。

講得更白一點，如果專業告訴你，最迫切需要預算的是山區小學建立圖書館，或者中學藝術教育的深化，但是這些措施只能靠默默的投資、長期的耕耘，政治人物是不會去做的；一場一場聲光絢爛的晚會，一砸幾千萬，卻可以為他塑造形象，贏得選票。錢，就往那個方向流去。再加上民意代表懶惰，人民又不加思索，大家都成了政治人物的快樂消費者。

我看不出這種公器的私用、這種權力對人的操弄，和從前的威權政治有什麼本質的差別。反而，威權的統治者因為不需要選票考慮，他可能做長程投資和規劃，即使不討好；那需要靠四年一輪的選舉的執政者，卻往往選擇犧牲長期的利益來換取眼前的權宜。而每一任執政者都以最短距離的眼前的利益為利益，社會發展永遠像夜市裡的流動攤販、窪地裡的違章建築，急就章，而且品質拙劣。

（你是否思考過這種矛盾？就是說，好不容易得到了民主，但是我們所創出來的民主，是第幾流的品質？沒有人願意往回走的，可是，這往前走的路你看見嗎？）

在威權時代，所有的媒體都被統治者壟斷，報紙上從頭版到尾巴都是領袖的照片和言行，都是政府的英明作為。今天民主了，是的，聲音多元了，批判的言論激烈了，奇怪的是，為什麼仍然有整版整版的政府宣傳？

原來，從前靠的是行政命令，媒體配合報導，政令宣傳都以新聞的面貌出現。現在靠的是市場：媒體需要賺錢，政府就用納稅人的錢去買報紙版面或電視時段，於是政令宣傳再度以新聞的面貌出現。這就叫「置入性行銷」。民主是競爭的，但是誰執政，誰就花得起錢，購買媒體，購買知名度，購買政治資本。在野的反對者沒這個優勢，是活該。而在野反對者一旦得權，馬上占盡資源。累積政治資本的錢，全是納稅公民的，而媒體，與他共謀。

我看不出這種公器的私用、這種權力對人的操弄，和從前的威權政治有什麼本質的差別。

知識分子、新聞記者、進步的大學生，在威權時代，對政府的壟斷和操縱曾經前仆後繼地批判、反抗，在今天，知識分子和記者卻成為政治人物的事業合夥人，進步大學生成為競選團隊。還不提財團與政權之間，綿密的曖昧互利。

這些都沒錯，因為在民主結構裡，知識分子、新聞記者、大學生、財團，都有自由的公民權利。可是，問題是，今天的新瓶裝了昨天的餿酒，那麼誰是新時代的反對者呢？

從威權到民主，不是從奴役到自由嗎？或者認為「奴役的反面是自由」，根本就是一個錯誤的認知？（不要告訴我，你八歲就知道了這個道理。）

文學、知識和語言的敵人

著名的捷克作家克里瑪[3]在十歲那一年就跟著父母住進了集中營，在死亡的陰影、恐怖的環境裡成長。解放的那一天，監獄的柵欄被拆除，蘇聯紅軍和史達林的巨幅相片在他眼前出現，對劫後倖存的他，這代表了「善的力量」，即使在同一瞬間，他看見一個德國平民被槍殺，看見一個囚犯撲向一包地上的香菸而被坦克車輾過。被幸福感所充滿，他告訴自己，「我自由了。」（你又怎麼理解「自由」呢？沒有經過不自由的人，能不能理解自由？你認為自己自由嗎？你怎麼理解以薩・柏林[4]所說的消極和積極自由之間的差別？這個問題和你的個人生活有沒有關聯？抽象觀念和你的具體生命，有沒有關聯？）

一九四五年，納粹崩潰、蘇聯「解放」了捷克，他以為是自由的來臨，自由卻再度變成奴役，捷克陷入蘇聯的集權控制。一九九〇年，蘇聯崩潰，自由似乎像無辜的鴿子一樣突然飛進窗戶，他卻已經不再天真。克里瑪回首煙塵歲月，試圖理解「自由」的含義，結論是：「很長時間後我才完全明白，常常不是善與惡之間的力量在戰鬥，而僅僅是兩個不同的惡，在為了控制世界而互相爭鬥。」自由，和權力的行使有關，而權力，克里瑪說：「權力是沒有靈魂的。它來源於沒有靈魂。它建立在沒有靈魂之上並從中吸取力量。」

他好像在講禿鷹如何依靠動物的屍體讓自己強壯。自由之於權力，是否猶如屍體之於禿鷹呢？（可以嗎？可以這樣比喻嗎？）

但是一九九〇年代以後，腐蝕自由的「禿鷹」有一種流動的面貌，不容易辨認它的輪廓。美國作家菲力普．羅斯[5]逼問克里瑪，言詞鋒利：

> ……我要說的話也許會給你留下傲慢自大的印象——自由的富人在對自由的窮人告誡致富的危險。你為了某個東西奮鬥了許多年，某個你需要它就像需要空氣一樣的東西，而我要說的是，你為之奮鬥的空氣也有一點敗壞了……隨著捷克成為一個自由、民主的消費世界，你們作家會發現自己正被一些新的敵手所困擾，說來也奇怪，令人壓抑的、毫無生氣的集權主義曾保護過你們免受這些敵手的傷害。尤其使人不安的將是這樣一個敵手，它是文學、知識和語言的無所不能的首要敵人……這個敵手實際上使整個人類的語言都變得愚昧。我談的是商業廣告電視，它的一切都是庸俗淺薄的——不是由於一個愚蠢的國家檢察官所控制……而是由於其娛樂性幾乎所有人都愛看的大量陳腐乏味的電視節目。
>
> 你和你的作家同行們好容易才衝破共產集權主義的知識囚籠。歡迎來到「絕對娛樂世界」。你們不知道你們正在失去什麼，還是你們已經知道？[6]

（你在台灣的現實裡是否看得見那「文學、知識和語言的無所不能的敵人」？或者，你能為這個「敵人」辯護？你拿羅斯的問題怎麼辦？）

讀到這裡，我把書闔上，暫且不看克里瑪怎麼對付這個問題，倒是先自問：二十年前寫「野火」時，我知不知道「我們在失去什麼」？我知不知道，我所追求的自由，會邀來另一種敵人，一種以庸俗淺薄為時尚、以「絕對娛樂」為目的、以行銷消費為最高指導原則的生活哲學？我是否知道，政治人物可能變成沒有靈魂而機關算盡的豪賭客，政治可能變成純粹的商品推銷術，政治理念可能被抽空，轉為權力鬥爭技巧學，知識分子，可能爭相以虛無為高尚，而群眾，可能比從前**更不寬容**。我是否知道，新聞學的種種崇高理想可能變成一種令人難堪的諷刺，擺脫了威權之後，電視由虛假和童騃式的愚蠢統治？寫「野火」時，我是否知道，二十年後的大學生可能不再有「幼稚園大學」的天真幼稚，反倒是理直氣壯地嘲笑深刻、拒絕思想？（七〇年代的大學生會把羅素、尼采的書夾在腋下走路，假裝「深刻」。二十一世紀的大學生，「假裝」什麼？人們又是否誇大了新一代的「虛無」和「草莓」傾向？在這裡，我們可以討論所謂「後現代」和所謂「現代」的語意錯綜嗎？）

我得誠實地說，不，我沒有料到。事實上，不能呼吸、渴望空氣的人，你不能跟他說：「那空氣充滿雜質，是敗壞的，所以留在屋裡吧。」你就是不能這麼說。

用卡夫卡來回答

一九一四年八月二日，卡夫卡在日記裡寫下一行字：「德國對俄國宣戰。——下午游泳。」（九一一那天的日記，我寫的是：「飛機撞世貿大樓爆炸起火，大樓崩塌像電腦遊戲。」你的呢？）

卡夫卡是一個徹底的私我個人，不是社會人或行動公民。國家層次的驚濤駭浪，和他下午要去游泳比例並重；要死好幾百萬人、千萬人的大浩劫和他小小的舒懶閒情，等量齊觀。有誰比他更自我、更虛無嗎？

可是他寫出了《審判》、《在流放地》這樣的書。這些書裡頭人性的異化程度，每一行都像滴著鮮血的預言，預言十五年以後才會發生的人類的大劫難。

克里瑪用卡夫卡來回答羅斯的挑戰：

> （卡夫卡的）這些作品只證明了一個創造者，他知道如何深刻和真實地表現完全屬於個人的經驗，同時又觸及超越個人的或社會的領域……文學沒有必要四處搜尋政治現實，或甚至為那些換來換去的制度煩惱；他可以超越它們，同時依然可以回答制度在人們心中喚起的問題。這是我本人從卡夫卡那裡吸取的最重要的教訓。[7]

把游泳和戰爭「齊物論」的卡夫卡，表面上看起來像是虛無，事實上，他的「深刻和真實」使得他的個人小我經驗可以涵蓋甚至於超越國家的大我經驗。也就是說，從國家社會的「大敘述」裡抽身而出，獲取自由，並不等同於意義的抽空、價值的犬儒化、敘述的瑣屑化、理想主義的空洞化、傳統的失憶化。（這些都是歐化的句子、壞的中文，但是你告訴我是否有更精準的表達句型。）從「大敘述」抽身可以，但是不可以離開「深刻和真實」，不可以離開某些最簡單、最原始但是最永恆的原則，譬如人道，譬如美，譬如善與惡的分野，譬如思想和文學。（連這一點，你也想挑戰嗎？）

克里瑪其實無法回答羅斯問題中所呈現的一種全球性的趨勢，但是他不無驕傲地告訴羅斯，請放心，在他的國家裡，「文學總是不僅享受到普及，而且也享受到尊敬……在一個不足一千兩百萬居民的國家，好作家的書，捷克語或翻譯作品，都有成千上萬的發行量。」[8]

如果羅斯用同樣的問題來問我，我會不會和克里瑪一樣對自己的社會、自己的青年那樣有信心呢？說我們的作者和知識菁英有足夠的「深刻與真實」，能夠辨別自由與虛無的分界；說我們的讀者和年輕人有足夠的品味，探查得出那趁虛而入的「絕對娛樂世界」的全盤統治，辨認得出「文學、知識和語言的敵人」，抵擋得住理想主義的消費商品化，鑑別得出價值的真偽？

我想我會沉吟許久。

（好，你怎麼回答羅斯？）

不知道是誰發明的詞，稱二十一世紀的年輕人為「草莓族」；意思是說，「草莓族」軟綿綿地生活，輕飄飄地過日子。生活裡沒有任何壓迫，所以他們是禁不起壓的。同時因為沒有了威權政治，沒有了壓迫，沒有了值得反抗的對象，當然就沒有了點燃「野火」的理由和必要。

我其實一點兒也不相信「草莓族」這個說法——每個時代都有思考的和不思考的人；對於所謂「沒有了值得反抗的對象」更覺得不可思議。壓迫我們的，豈止一個威權政治？威權政治因為太龐大，迫使我們將所有的注意力集中在它身上而忽略了其他的壓迫，這些其他壓迫，當威權不在時，傾巢而出，無孔不入，滲透進入品味低劣到近乎侮辱的電視節目，進入企業管理中對員工人權的踐踏，進入民族主義者狂熱的叫囂，進入民主操作中多數的暴力、進入新聞媒體的作假和壟斷……所謂壓迫，哪裡只有一種面孔呢？對於自由精神的壓迫，威權時代和民主時代以不同形式發作，所以，哪一個時代，可以不需要點火的人？（任何人可以上網去把自己的見解和知識寫成辭條定義，任何人也可以去修訂前面那個傢伙所下的定義，然後等待被後面的人——如果他有更準確的訊息、更精闢的見解，將你推翻。）

二〇〇五年六月二十一日沙灣徑

《野火集》二十週年紀念版，時報文化，二〇〇五年

1〈幼稚園大學〉，原載一九八五年三月十四日《中國時報》。
2〈不會「鬧事」的一代〉，原載一九八五年九月三日《中國時報》。
3克里瑪：Ivan Klima，一九三一年出生於捷克猶太家庭，十歲時隨父母關進集中營，直到二戰結束。一九六八年蘇聯進軍捷克，克里瑪赴美講學，返國後以自由寫作為生，二十年間作品遭禁，只能以地下文學形式流傳。與哈維爾、米蘭・昆德拉並稱捷克文壇的三駕馬車。
4以薩・柏林：Isaiah Berlin，一九〇九—一九九七，出生於拉脫維亞，被喻為二十世紀最有影響力的自由主義思想家。著有《自由四論》。
5菲力普・羅斯：Philip Roth，一九三三年出生，美國猶太裔作家，曾獲美國國家書卷獎等多項文學大獎，被譽為「美國活著的文學神話」。
6《布拉格精神》，伊凡・克里瑪著，時報文化，二〇〇三年，八三頁。
7《布拉格精神》，七五頁。
8《布拉格精神》，八五頁。

從「一九八四」出發

中國人，你為什麼不生氣

八〇年代，大部分學成的台灣留學生會留在美國。八三年秋天，我得到了博士學位，卻決意回台灣。朋友奇怪問我為什麼，我說，離開台灣時，二十三歲，在校園裡長大，不曾用「成人」的眼光注視過自己的國家，「我想回去真正認識一下自己的社會。」

真的回去了。真的注視了。不敢相信人們對於不公不義沒有尊嚴的環境可以如此忍受，如此「苟活」，於是寫了這篇文章。用「投稿」的方式寄去給素昧平生的《中國時報》。是的，用鋼筆藍色的墨水寫在四百字的格子稿紙上，放進信封裡，貼上郵票。走到郵局，丟進郵筒。那個時候的標準信封，背面還印著「反共抗俄」的標語。

寫的時候，並沒有多想：所謂環境、社會、交通、消費問題的下面，藏著一把政治的鎖。

在昨晚的電視新聞中，有人微笑著說：「你把檢驗不合格的廠商都揭露了，叫這些生意人怎麼吃飯？」

我覺得噁心，覺得憤怒。但我生氣的對象倒不是這位人士，而是台灣一千八百萬懦弱自私的中國人。

我所不能了解的是：中國人，你為什麼不生氣？

包德甫的《苦海餘生》英文原本中有一段他在台灣的經驗：他看見一輛車子把小孩撞傷了，一臉的血。過路的人很多，卻沒有一個人停下來幫助受傷的小孩，或譴責肇事的人。我在美國讀到這一段，曾經很肯定地跟朋友說：不可能！中國人以人情味自許，這種情況簡直不可能！

回國一年了，我睜大眼睛，發覺包德甫所描述的不只可能，根本就是每天發生、隨地可見的生活常態。在台灣，最容易生存的不是蟑螂，而是「壞人」，因為中國人怕事、自私，只要不殺到他床上去，他寧可閉著眼假寐。

我看見攤販占據著你家的騎樓，在那兒燒火洗鍋，使走廊垢上一層厚厚的油汙，腐臭的菜葉塞在牆角。半夜裡，吃客喝酒猜拳作樂，吵得雞犬不寧。

你為什麼不生氣？你為什麼不跟他說「滾蛋」？

哎呀！不敢呀！這些攤販都是流氓，會動刀子的。

那麼為什麼不找警察呢？

警察跟攤販相熟，報了也沒有用；到時候若曝了光，那才真惹禍上門了。

所以呢？

所以忍呀！反正中國人講忍耐！你聳聳肩、搖搖頭！

在一個法治上軌道的社會裡，人是有權利生氣的。受折磨的你首先應該雙手扠腰，很憤怒地對攤販說：「請你滾蛋！」他們不走，就請警察來。若發覺警察與小販有勾結——那更嚴重。這一團怒火應該往上燒，燒到警察肅清紀律為止，燒到攤販離開你家為止。可是你什麼都不做；畏縮地把門窗關上，聳聳肩、搖搖頭！

我看見成百的人到淡水河畔去欣賞落日、去釣魚。我也看見淡水河畔的住家整籠整籠地把惡臭的垃圾往河裡倒；廁所的排泄管直接通到河底。河水一漲，汙穢氣直逼到呼吸裡來。

愛河的人，你又為什麼不生氣？

你為什麼沒有勇氣對那個丟汽水瓶的少年郎大聲說：「你敢丟我就把你也丟進去？」你靜靜坐在那兒釣魚（那已經布滿癌細胞的魚），想著今晚的魚湯，假裝沒看見那個幾百年都化解不了的汽水瓶。你為什麼不丟掉魚竿，站起來，告訴他你很生氣？

我看見計程車穿來插去，最後停在右轉線上，卻沒有右轉的意思。一整列想右轉的車子就停滯下來，造成大阻塞。你坐在方向盤前，嘆口氣，覺得無奈。

你為什麼不生氣？

哦！跟計程車可理論不得！報上說，司機都帶著扁鑽的。

問題不在於他帶不帶扁鑽。問題在於你們這二十個受他阻礙的人沒有種推開車門，很果斷地讓他知道你們不齒他的行為，你們很憤怒！

經過郊區，我聞到刺鼻的化學品燃燒的味道。走近海灘，看見工廠的廢料大股大股地流進海裡，把海水染成一種奇異的顏色。灣裡的小商人焚燒電纜，使灣裡生出許多缺少腦子的嬰兒[2]。我們的下一代——眼睛明亮、嗓音稚嫩、臉頰透紅的下一代，將在化學廢料中學游泳，他們的血管裡將流著我們連名字都說不出來的毒素——你又為什麼不生氣呢？難道一定要等到你自己的手臂也溫柔地捧著一個無腦嬰兒，你再無言地對天哭泣？

西方人來台灣觀光，他們的旅行社頻頻叮嚀：絕對不能吃攤子上的東西，最好也少上餐廳；飲料最好喝瓶裝的，但台灣本地出產的也別喝，他們的飲料不保險……這是美麗寶島的名譽，但是名譽還真是其次。最重要的是我們自己的健康、我們下一代的健康。一百位交大的學生食物中毒——這真的只是一場笑話嗎？中國人的命這麼不值錢嗎？好不容易總算有幾個人生起氣來，組織了一個消費者團體[3]。現在卻又有「占著茅坑不拉屎」的衛生署、為不知道什麼人做說客的立法委員要扼殺這個還沒做幾樁事的組織。

你怎麼能夠不生氣呢？你怎麼還有良心躲在角落裡做「沉默的大多數」？你以為你是好人，但是就因為你不生氣、你忍耐、你退讓，所以攤販把你的家搞得像個破落大雜院，所以台北的交通一團烏煙瘴氣，所以淡水河是條爛腸子；就是因為你不講話、不罵人、不表示意見，所以你疼愛的娃娃每天吃著、喝著、呼吸著化學毒素，你還在夢想他大學畢業的那一天！你忘了，幾年前在南部有許多孕婦，懷胎九月中，她們也閉著眼夢想孩子長大的那一天，卻沒想到吃了滴滴純淨的沙拉油，孩子生下來是瞎的、黑的！

不要以為你是大學教授，所以做研究比較重要；不要以為你是殺豬的，所以沒有人會聽你的話；也不要以為你是個學生，不夠資格管社會的事。你今天不生氣，不站出來說話，明天你——還有我、還有你我的下一代，就要成為沉默的犧牲者、受害人！如果你有種、有良心，你現在就去告訴你的公僕立法委員、告訴衛生署、告訴環保局：你受夠了，你很生氣！
你一定要很大聲地說。

一九八四年十一月二十日《中國時報》

1 包德甫：Fox Butterfield，一九三九年生於美國賓州，資深記者，在《紐約時報》（*The New York Times*）任職超過三十年，是首任駐北京特派員。一九八二年出版《苦海餘生》（*China, Alive in the Bitter Sea*）。

2 灣裡戴奧辛事件：台南灣裡地區因長期露天焚燒廢電線電纜，一九八三年七月被檢測出二仁溪土壤和空氣中含戴奧辛。戴奧辛被稱為世紀之毒，是強烈的致癌物質，容易導致孕婦流產或產下畸形兒，且會損害肝臟與免疫系統。一九九三年，政府全面禁止廢五金進口。

3 由於一九七九年台灣接連發生米糠油中毒事件（又稱多氯聯苯事件）以及假酒事件，為保障消費者權益，在青商會友、律師及學者專家的推動下，中華民國消費者文教基金會於一九八〇年十一月一日成立。

生氣，沒有用嗎？

人們的信，被郵差成捲成捲地帶進來。各種筆跡，各種紙張，各種人：家庭婦女、小學老師、計程車司機、公務員、醫生、大學生……顯然都是第一次給一個作者寫信。手寫的筆跡——幾乎沒有一封是打字機或電腦印出來的。

濃的墨、淡的墨，粗獷的筆跡、圓柔的筆跡，每一封信的語氣都很激動，很痛苦，在摸索出路，在尋找自由呼吸的空間。

我就知道了。

當我說：「我拒絕活在一個警察不執法、官吏不做事的社會裡；我拒絕活在一個野蠻的國家裡」，我其實已經接收到了讀者隱晦傳來的一組暗碼。

讀者和作者之間，是有一種不必解釋的互動和默契的。

想一想，在一個只能裝十隻雞的籠子裡塞進一百隻雞，會是什麼光景？台灣，就是這樣一個籠子：你與我。就是這籠子裡掐著脖子、透不過氣來的雞……

如果你住在台灣，如果你還沒有移民美國或巴拉圭，如果你覺得你的父母將埋葬於此，你的子女將生長於此，那麼，這是我給你的一封信。

寫過〈中國人，你為什麼不生氣〉之後，有些人帶著憐憫的眼光，搖著頭對我說：生氣，沒有用的！算了吧！

他們或許是對的。去國十年，在回到台灣這一年當中，我有過太多「生氣」失敗的經驗。有些是每天發生的小小的挫敗：

在郵局窗口，我說：「請你排隊好嗎？」這個人狠狠地瞪我一眼，把手擠進窗裡。

經過養狗的人家，看見一隻巨大的聖伯納狗塞在一個小籠子裡；鼻子和尾巴都抵著鐵欄，動彈不得。找到狗主人，我低聲下氣地說：「這太可憐了吧！」他別過臉去，不說話。狗在一旁嗚嗚叫著。

有人把空罐頭丟在大屯山裡，我伸出頭大叫：「這麼美的景色，別丟垃圾！」沒有回音，我只好走過去，自己撿起來，放回我的車上。

南部的商人屠殺老虎，我問環保局：「沒有法令保護這些稀有動物嗎？」回答是：「沒有。」

有些是比較嚴重、比較激烈的失敗：

回台灣第二天，計程車經過路口時，猛然發覺有個人躺在馬路中間，黑衫黑褲，戴著斗笠，像是鄉下來的老農夫，姿態僵硬地朝天躺著。流水似的車馬小心而技巧地繞過他，沒有人停下來。我急忙大叫：「趕快停車，我去給警察打電話！」

司機狠狠地往窗外吐了口檳榔，回頭對我哈哈大笑：「免啦！大概早就死了。打電話有什麼落用！」油門一踩，飛馳而去。

《英文郵報》登了一則消息：發現「烏賊」者，抄下車牌號碼，請打這兩個環保局的電話。幾個星期之後，我撥了其中一個號碼，正要把「烏賊」報出，那邊打斷我的話：

「有這樣的事嗎？哪家報紙登的？」

「《英文郵報》。」我說，於是重新解釋一遍。對方顯然不知所措，於是要我撥另一個號碼——另一個電話也不知道怎麼辦。最後，接第四通電話的人猶疑地說：「那你把號碼給我好了，我們看著處理。」

我並沒有把「烏賊」號碼給他；我把電話摔了。

有一段時候我們住在臨著大街的十樓上。搬進去之後，發覺對街的夜攤每至午夜，鼓樂喧天，大放流行歌曲。於是我夜夜打電話到警察局去；電話那頭總是說：好，就派人去。可是，站在陽台上觀望，我知道，沒有人去。

失眠一個月以後，我直接打電話給分局長，請他對我這個小市民解釋為什麼他不執法。這位先生很不耐煩地說：「咱們中國國情如此，取締是辦不到的。」

過了不久，我打開門，發現一個滿臉長橫肉的人站在門口，凶狠地說：「哇宰樣你報警察。給你講，哇是會刣人的，哇不驚死！」

走在人行道上，有輛計程車掃著我的手臂飛過，馬上又被紅燈擋住。我生氣地走過去，要他搖下窗戶，說：「你這樣開車太不尊重行人；我們的社會不要你這樣沒有水準的國民……」

很可笑的，知識分子的調調，我知道。燈綠了，這個司機把車停到街口，推開車門走了出來，手裡拿著一根兩尺長的鐵棍，向我走來……

分析一下這些經驗。造成我「生氣」失敗的原因大致有三個：第一，這個社會有太多暴戾的人，不可理喻。當司機拿著鐵棒向我走來的時候，我只能默默走開。第二，我們的法令不全。老虎如果沒有立法來保護，跟唯利是圖的人談人道與生態毫無意義。第三，執法的人姑息。明令攤販不准隨地設攤、汙染環境，但是當執法人本身都觀念不清的時候，你怎麼辦？

這些都造成我的失敗，可是，你知道嗎？這些，還不是最主要的原因。最主要的原因是「生氣」的人太少。

如果打電話到環保局去的不只我一個，而是一天有兩百通電話、三百封信，你說環保局還能支吾其事嗎？如果對分局長抗議的不只我一個，而是每一個不甘心受氣的市民——他還能執迷不悟地說「中國國情如此」嗎？如果那個養狗的人家，每天都有路人對他說：「換個籠子吧！」他還能視若無睹嗎？如果叫阿旺的這個人一插隊，就受人指責，一丟垃圾，就遭人抗議，阿旺一天能出幾次醜呢？

想一想，在一個只能裝十隻雞的籠子裡塞進一百隻雞，會是什麼光景？台灣，就是這樣一個籠子；你與我就是這籠子裡掐著脖子、透不過氣來的雞。我們既不能換一個較大的籠子，又不能殺掉一半的雞。（不過，我們混亂的交通倒是很有效率地在為我們淘汰人口。）在這種情況之下，如果要維持一點基本的人的尊嚴，我們就不得不仰靠一個合理的社會秩序。這個社會秩序不僅止要求我們自己不去做害人利己的事，還要求我們制止別人做害人利己的事。你自己不做惡事才只盡了一半的責任，另一半的責任是，你不能姑息、容忍別人來破壞這個社會秩序。

最近碰到一位來台開學術會議的歐洲學者。他自一九六〇年起，大概每五年來台灣考察或開會一次。台灣的繁榮蒸蒸日上，他說，可是台北，一年比一年難看。我微笑——你要我說什麼？我住過美國的紐約、西德的慕尼黑，到過歐洲的羅馬、雅典、歐亞交界的伊斯坦堡、非洲的卡薩布蘭加、埃及的開羅、日本的東京；我知道：台北是我所見最缺乏氣質、最醜陋、最雜亂的都市。當我站在十字路口，看見紅燈未滅就在烏煙瘴氣中衝過街去的一張張殺氣騰騰的臉，我覺得驚駭：是什麼，使這個城市充滿著暴戾與怨氣？

但是我愛台灣，無可救藥地愛著這片我痛恨的土地，因為我生在這裡，因為我的父母兄弟、我的朋友同事、學校裡每天為我倒杯熱茶的工友、市場裡老是塞給我兩把青蔥的女人——他們，還有他們一代一代的子女，都還要在這個受盡破壞的小島上生長、生活。可是，我是一個渴望尊嚴的「人」；我拒絕忍氣吞聲地活在機車、工廠的廢氣裡，攤販、市場的汙穢中，我拒絕活在一個警察不執法、官吏不做事的野蠻的社會裡；我拒絕活在一個野蠻的國家裡。

我可以從皮夾裡拿出護照來一走了之，但是我不甘心，我不相信「中國國情」就是汙穢混亂，我不相信人的努力不能改變環境。

我並不要求你去做烈士——烈士是傻瓜做的。看見那人拿著鐵棒來了，夾起尾巴跑吧！我只是希望你不要迷信「逆來順受」；台灣的環境再這樣敗壞下去，這個地方，也真不值得活了。我只是謙卑地希望你每天去做一點「微不足道」的事：拍拍司機的肩膀，請他別鑽前堵後；打個電話到環保局去，告訴他淡水的山上有人在砍樹造墓；寫封信到警察局去，要他來取締你家樓下莫名其妙冒出來的地下工廠；撿一片紅磚道上的垃圾，扶一個瞎子過街，請鄰座不要吸菸，叫阿旺排隊買票……

我只想做一個文明人，生活在一個文明的社會裡罷了。你說，我的要求過分嗎？

一九八四年十二月六日《中國時報》

生了梅毒的母親

這是引用余光中的詩，以表達我心目中台灣環境惡劣的程度，但也為我招來奇特的謾罵，說，台灣有梅毒，那麼你「龍應台就是國際娼妓」。

父親開始不安，有一天，他很慎重地對我說，女兒，你不要忘記我跟你說過，我親眼見到不聽話的人半夜裡被麻袋蒙住，綁在石頭上，丟到海裡去了。

我回說，爸爸你放心，我只是在談「撿垃圾」。沒關係的。

在成堆的讀者來信中，發現一封柏楊的來信，讚美、鼓勵「野火」的年輕作者。我心想，好個慷慨大度的前輩啊。

有一天黃昏，和一位瑞典朋友去看淡水的落日。河水低潮的時候，密密麻麻的垃圾在黑色油膩的汙泥中暴露出來。好不容易找到一塊離垃圾遠一點的地方，剛坐下來，就看到這個毛毛頭，五歲大的小男孩盯著我們，轉身對抱著布娃娃、更小的小孩，用很稚嫩的聲音說：

「妹妹，我會聽英文，這個外國人在說我們台灣很不進步……」

我愣住了——因為我的金髮朋友一句話也沒有說。這個小毛頭在捏造故事，可是他捏造了什麼樣的故事啊！中國民族的自卑感已經這麼深了嗎？這孩子才五歲哪！火紅的太陽在垃圾的那一頭沉了下去，我默默地離開淡水河。

而居然有人說：台灣沒有你說的那麼糟！

要糟到什麼程度才能使你震動？

在德國，我看見萊茵河裡游著雪白的野天鵝，公路旁高高地抽著鮮紅的罌粟花，森林裡嬉笑的小孩在尋覓香菇和莓果。

在義大利，我看見裸著身子的女郎在冰涼透明的湖裡游泳，老太婆坐在葡萄藤下聊天，販夫走卒在籠罩著月光的沙灘上跳舞。

在希臘，一個像淡水一樣依山傍水的小鎮裡，我看著漁民把鵝卵石鋪在海堤上，就著粼粼的波光喝酒唱歌；乾瘠的山上猛烈地開著星星似的野花。

在土耳其，我碰到穿著花裙的吉普賽女人背著滿籮筐的花朵，沿著古老的石板路叫賣，臉頰豐潤的小孩在山坡上滾來滾去。

回到台灣，我去看山——看見剝了皮的青山。綿延的綠當中突然陷下一大塊，砂土被挖走了，紅土石礫赤裸裸地暴露出來。台北縣的山滿目瘡疤，像一身都長了癬、爛了毛的癩皮狗，更像遭受強暴的女人……

我去看水。聽說關渡有雪白的水鳥，不錯，可是水面上密密地覆著一層垃圾，水鳥瘦瘦的腳找不到棲落的地方。嬉笑的小孩涉在烏黑惡臭的水裡抓水蟲。

居然有人說：台灣沒那麼糟！

為了多賺幾毛錢，有人把染了菌的針筒再度賣出，把病毒注入健康人的身體裡去。為了享受物質，有人製造假的奶粉，明明知道可能害了千百個嬰兒的性命。為了逃避責任，有人在肇事之後，回過頭來把倒地呻吟的人瞄準了再輾過一次。我們的子女坐在教室裡，讓毒氣給轟倒。我們的朋友喝了偽酒而失明。我們的兄弟，被車撞斷了腿，每天拄著拐杖，一跛一跛上學校。而我們自己，心平氣和地吃喝各色各樣的化學毒素，呼吸汙濁的空氣，在橫行霸道的車輛間倉皇怯懦地苟活……

要糟到什麼程度你才會大吃一驚？

在〈中國人，你為什麼不生氣〉和〈生氣，沒有用嗎？〉刊出之後，我聽說有大中學的老師把文章發給學生，做課堂討論材料；有人把文章複印了四處寄發；也有人當海報傳單一樣到處張貼。每天我的郵箱裡塞著讀者的來信，寫信的人有老師、水電工人、學生、軍人、理髮小姐……其中有兩封特別傷感：

——我們的家鄉台灣，本來山青水秀，現在被當作歇腳的地方，這些人不打算生根，歇會兒，氣力足就走了。你要他們怎麼去愛鄉愛土？

——今天台灣生活環境之差到了令人想一走了之的地步。可是，眼見苦難的中國人好不容易有這麼一個地方，稍稍享受一點沒有飢餓、沒有戰亂的日子，實在又很想珍惜它；然而我們的環境卻又敗壞至此，令人痛心不已。

我實在不了解為什麼我們的環境會受到如此的破壞。人窮的時候，把門砍破了燒來取暖，還有話說，三十年後的台灣早就「發」了，為什麼還在到處打洞？更何況台灣這個「房子」還不是我們的——我們只是百代的過客，我們之後還有一代又一代的人要來這裡居住生活。任何房客都沒有權利把租來房子的屋頂拆掉、地板挖空、牆壁燻黑，因為將來還有別的房客要來。台灣這個小小的島嶼，我們也還得留給下一代的下一代。我們哪裡有資格，哪裡有權利——為了現在多賺幾毛錢，瘋狂地、忘形地追求所謂「經濟成長」——而在蒼天有德暫租給我們的這片土地上橫行肆虐，把青山毀掉，把綠水弄渾，在泥土裡攙毒？以後的人怎麼辦？中國人還沒有短見自私到絕子絕孫的地步吧？

詩人說：生了梅毒，還是我的母親。台灣，是生我育我的母親；骯髒、醜陋、道德敗壞的台灣是我生了梅毒的母親。你說台灣沒有那麼糟，我覺得你在作夢；你說，治文學的人不應該為這種凡間瑣事費神，我覺得你麻木：我坐在書房裡，受噪音的折磨；吃一餐飯，有中毒的危險；出門上街，可能被車子撞死；走進大自然，看不見一片淨土。有哪一門「學問」比「生活」本身更重要呢？我之所以越過我森森的學院門牆，一而再、再而三地寫這些「瑣事」，是因為對我而言，台灣的環境——自然環境、生活環境、道德環境——已經惡劣到了一個生死的關頭。我，沒有辦法繼續做一個冷眼旁觀的高級知識分子。

所以我伸出手來，急切地想與你接觸。我是個大學教授，你或許是個麵店老闆、小學老師、公車司機，或滿手油汙的修車工人；在日常生活上，你和我卻都是「市井小民」，有一模一樣的需求——安靜的環境、乾淨的社區、有條理的街道、文明禮讓的鄰居。有許多問題，我們這些市井小民不得不仰靠專家，譬如垃圾掩埋的科學方式及山林水土保持的處理。也有許多人，是我沒有能力影響或教化的，譬如拿刀殺人的老大或偷偷丟垃圾的阿旺。（他們也不會讀副刊吧?!）可是市井小民仍舊可以做許多事情：專家不盡力的時候，你要監督他、指責他，告訴他：做不好，換別人來。至於阿旺，如果他一個人丟，有十個市井小民去撿，我們的街巷仍舊是乾淨的。台灣的環境不能再往下掉一步，掉一步，很可能萬劫不復。

今天下午，我在淡水田野間行走，看見一隻潔白的鷺鷥輕俏地站在一頭墨黑的水牛背上。那頭水牛粗糙笨拙，沉重的蹄在沼澤裡來回。背著無盡的天光，牠悠然地吃著腳邊翠綠的水草；不知魏晉、不知漢唐、不知古往今來的一腳一個印子。風輕輕地吹著，我在田埂上凝視許久，心裡溢滿感謝：感謝這水牛的存在，感謝這鷺鷥與水草的存在。我的母親生了梅毒，但是至少她還沒有死去，她還有痊癒的希望。我既不願遺棄她，就必須正視她的病毒，站起來洗清她發爛發臭的皮膚。

新春的第一個晴天，我會到大屯山上去看豐碩的芒草。我的車裡會有一只大塑膠袋；我會把沿著山路的垃圾撿起來，帶走。新春的第一個晴天，你或許會帶著學生或者三朋四友，到澄清湖、火焰山，或秀姑巒去尋找一點野氣；或許你也願意帶著一個大塑膠袋，撿走花叢裡的空罐頭。在你彎身的那一刻，或許我也在彎身，如果我們在轉角處相遇，就打個招呼吧！

或許這一年的台灣就真的要比一九八四年的台灣稍稍乾淨一點、安靜一點、和諧一點。你，來赴約吧！

一九八五年一月四日《中國時報》

1 「患了梅毒依舊是母親」一句，出自余光中詩作〈忘川〉（一九六九）。

難局

人們說，有「野火」專欄的那一天，《中國時報》的零售要多好幾萬份。我，有踩著鋼絲跳舞的感覺。我不面對媒體，大部分的讀者，仍舊以為「龍應台」是位老先生。

坊間有很多黨外雜誌，有些，看得很透徹，說得很尖銳。但是只能在地下流傳，在小圈圈裡相濡以沫。我不認為這是最有效的方法。

〈難局〉，是「策略寫作」的開始。用蘇格拉底的話，說：「當我對一個制度不滿的時候，我有兩條路；或者離開這個國家；或者循合法的途徑去改變這個制度。」

〈難局〉是「野火」裡第一篇準備正面「解構」威權政體的文章。我思索的是：如何盡量拖長時間，讓當權者不意識到你的危險，而用最好看、最活潑的白話，打動最多的人？寫完一篇，我就檢查一遍：開車的、賣菜的，看不看得懂？

這就成了楊渡所說的「媚俗」，是的，「野火」每一篇都是「媚俗」的。

有個叫蘇格拉底的老頭，你大概不認識。他已經七十歲了！深凹的眼睛，白花花一把鬍子。在牢裡關了好幾天了；明後天等船回來，死刑就要執行。這天清晨，他剛睡醒，一小格窗子透著一點光，非常希臘的天空。

克瑞圖是個有錢的老朋友，已經滔滔不絕用盡了口舌，懇求蘇老頭逃獄。「錢，包在我身上，」他說：「更何況，你死了，誰來照顧你的小孩？」

可是蘇老頭頑固得很，他一本正經地說：

「雅典政府以『妖言惑眾』判我死刑，固然不合理。但是我如果逃獄而破壞了雅典的法制，那就等於以其人之『惡』還治其人，使我自己也錯了。你要知道，兩惡不能成一善。

「當我對一個制度不滿的時候，我有兩條路：或者離開這個國家；或者循合法的途徑去改變這個制度。但是我沒有權利以反抗的方式去破壞它。讓雅典人殺我吧！我願意做一個受難者而死，不願做一個叛逆者而生。」

蘇老頭仰頭吞了毒藥而死，黃黃的藥水流下來，弄髒了他的鬍子。

另外有個人叫梭羅，喜歡獨來獨往。三十歲那年，一個人到森林湖畔搭了個木頭房子，自耕自活。有一次在樹林裡生火烤肉，差點把康考特的林子燒了一半。

這天黃昏，正在散步的時候，梭羅被抓進了監獄，理由是他拒絕付稅。他認為政府用他繳的錢去支持戰爭（美國人欺負墨西哥人）及黑奴制度，有違他的個人良知，他以立即的、反抗的行動來抵制他認為是錯的法制。

「面對不合理的法制時，我們應該盲目地遵從嗎？還是暫且遵從，同時慢慢地循合法途徑去改革？還是立即地反抗，來抵制、破壞這個法制？」

梭羅問著，而他的回答理直氣壯：

「盲目的遵從是最低級的愚蠢，不必考慮。尋求改革途徑，時間拖得太長。人生有多少日子？又不是吃飽飯沒事幹，一天到晚綠頭蒼蠅似地去改造社會。人生在世為了生活，不是為了改革。所以對付一個不合理的制度，最好的辦法就是立即地抵制。」

梭羅並沒有盡興；在牢裡興奮地睡了一夜，第一天就被那個慈善心腸的老姑媽代繳了稅金，贖了出去。倒是一百年之後，在古老貧窮的東方，有個叫甘地的人盡了興，帶了千萬個人去「立即地抵制」一個不合理的制度。

愛恨分明的紐約最近也出了一個人物。戴著金絲眼鏡、很文靜秀氣的葛茲坐在夜車裡，一心想回家泡個熱水澡。四個年輕的黑小子圍了上來，跟他要五塊錢。紐約的人都知道，五塊錢的下一步大概就是頭上五個窟窿。那個臉上有條疤的傢伙上個月才把一支槍抵在一個老女人的脖子上，搶走了一條金鍊子。

但是文靜的葛茲怎麼辦呢？沒有警察來保護，沒有乘客敢幫助——他究竟應該，如蘇老頭所說，做一個守法的受難者；還是如梭羅所說，做一個違法的反抗者？換個問法，他究竟應該任這四個人把他毒打一頓、刺上兩刀，然後到警局報案；或是應該拿出手裡所有的武器打擊敵人，使自己成為法紀的犯人？

戴眼鏡的葛茲在搖搖晃晃的車中站起來，說：

「我給你們一人五塊！」

他連發了五槍。有疤的那個被打中脊椎，半身癱瘓，他今年才十九歲。而葛茲，在家裡等候法庭宣判他的命運。

還有個中國人，你或許沒聽說過，叫張系國[1]。他坐上了計程車，惡司機不但繞了路，還要下車來打架。這位高級知識分子的張博士居然撩起袖子來跟司機當街對峙起來。

代表法制的警察先生來了，卻認為，打架是不應該的，若輪到他，就該讓司機給打傷了，再去告他傷害罪。

也就是說，萬一給扁鑽刺死了，那麼就由未亡人到法庭去告他殺人罪，皆大歡喜。一個制度無力保護個人的時候，個人有沒有權利保護自己？

就法制的基本原則而言，我們不能容許個人的「執法」。如果每個人都拒絕繳稅，如果每個人都拿起槍來像約翰・韋恩[2]把「壞人」給「幹」了，如果每個人都撩起袖子來打架；我們或許就回到了原始蠻荒的時代，人人靠一己的齒尖牙利，適者生存。法制之所以重要，我們說，是因為它使齒不尖、牙不利的渺小的個人也獲得保障。

可是，如果「法」的存在是為了「個人」，為什麼「個人」卻經常要為了「法」而犧牲呢？對於梭羅而言，政府的存在是為了保護個人的權益，但當他在爭取個人權益的時候，政府反而要懲罰他。對於葛茲而言，他保護了自己——達到了「法」的目的，卻同時也犯了法。只有蘇格拉底那個老頭，他根本就放棄自己、犧牲個人，所以與法相安無事。

當所謂「法制」已經成為一個巨大的、僵硬的方格子，把每一個血肉做成的「人」鎖在一方方小格子裡的時候，這個法是不是違背了當初之所以有它的本意？當一個警察要老百姓讓惡人打傷了再去報案的時候，人是不是已經「文明」得糊塗，忘了「文明」究竟是為了什麼？

所以我很怕談「愛國」，因為我知道當群眾對「愛國」認起真來而至狂熱的時候，這個「國」就成為一頂大帽子，要壓死許多不那麼狂熱的個人。要談愛國，我寧可一個人上山撿垃圾。

我也怕聽人說「學校榮譽」，因為我知道，為了這麼一個抽象的框框，有多少「不聽話」、「不受教」的學生要受到殘酷的壓制，多少特立獨行的個人要被塞進框框裡，呼吸不得，動彈不得。

我更不忍心聽人宣揚五代同堂的美德。在那個和諧的表面之下，有多少半夜的嘆息、破碎的夢想、解體的個人意志，一切都為了一個抽象的理想、一個原本造福個人而往往犧牲個人的制度。

法制、國家、社會、學校、家庭、榮譽、傳統——每一個堂皇的名詞後面，都是一個極其龐大而權威性極強的規範與制度，嚴肅地要求個人去接受、遵循。

可是，法制、社會、榮譽、傳統——之所以存在，難道不是為了那個微不足道但是會流血、會哭泣、會跌倒的「人」嗎？告訴我。

一九八五年二月五日《中國時報》

1 張系國：一九四四年生於重慶，一九四九年隨父母來台。是電腦科學教授，也是知名作家。著有《星雲組曲》、《城》三部曲等科幻小說。

2 約翰．韋恩：John Wayne，一九〇七—一九七九，美國電影演員，曾獲奧斯卡最佳男主角獎。他演繹的角色多為美國西部片、戰爭片和警匪片中極具英雄氣概的男子漢，個人風格鮮明。

美國不是我們的家

公民、公民、公民，我們需要行動的公民。比〈難局〉更進一步，我開始說，如果「政府既不許他離境，又不給他改革的管道，他就沒有義務片面地做個循規蹈矩的公民」。

空氣中有一種隱隱的不安。讀者的信繼續進來。很多人以為我有外國護照；我沒有。但是不必辯解。

我收到好幾十封讀者的來信。年長一點的說：「每看你的文章，心情激動難平，一再淚下。」年輕一點的大學生寫著：「在成為冷漠的『社會人』之前，請告訴我們：我們能為台灣這個『母親』做些什麼？」更年輕的，高中生，說：「反正做什麼都沒有用：我大學畢業就要遠走高飛，到美國去！」

少年人激動憤慨，老人家傷心落淚，絕對不是因為我的文章寫得好。這一大疊情緒洶湧的信件對有心人應該透露出兩個問題：第一是事態本身的嚴重性；台灣生活環境的惡劣已經不是知識分子庸人自擾的嚷嚷，而是市井小民身受的痛苦。第二是個人的無力感；如果這個社會制度中有暢通的管道讓小市民去表達他的意願、去實現他的要求，他就不會鬱積到近乎爆炸的程度，就不需要憑靠區區幾篇不起眼的文章來發洩他的痛苦。

第二個問題要比第一個還嚴重得多。因為環境再惡劣，難題再複雜，個人如果有適當的途徑去解決問題，覺得事有可為，他總是肯定的、理性的、樂觀進取的。反過來說，即使問題本身並不那麼惡劣，但是個人覺得他的一切努力都是一條死巷，他的憤懣鎖在堵塞的管道中時，人，是會爆炸的。

半年前，有個愛看書的青年因為受不了隔鄰女人早晚不斷地誦經，衝進了她的屋子拿刀殺她。暴力當然沒有任何藉口，但是我們要追究原因：如果這個青年只要打一通電話，警察就會來取締噪音的話，這件凶殺案是不是可以避免？換句話說，假使這個青年一通一通電話地哀求警察而警察不管，一次一次地勸告誦經的婦人而婦人不睬；那麼，你說，他可以搬家——別開玩笑了，台北什麼地方可以讓人安靜度日？於是，日日夜夜受噪音的煎熬，又絲毫沒有改善的可能，他到底該怎麼辦？

蘇格拉底那個老頭子被判了死刑之後，不願逃獄，他說：「當我對一個制度不滿時，我有兩條路：或者離開這個國家，或者循合法的途徑去改變這個制度。但是我沒有權利以反抗的方式去破壞它。」（見前文〈難局〉）

不錯，蘇老頭是個循規蹈矩的模範公民，但你是否注意到，做個好公民有兩個先決條件：首先，不肯妥協時，他有離開這個國家的自由；其次，這個國家必須供給他適當的管道去改變他不喜歡的制度。也就是說，如果雅典政府既不許他離境，又不給予他改革的管道，他就沒有義務片面地做個循規蹈矩的公民。

那麼我們的情況呢？台灣的生活環境惡劣，升斗小民所面臨的選擇與蘇格拉底沒有兩樣：他可以離開台灣，但這有太多實際上的困難。他可以「循合法途徑」去改變現狀——

我們有沒有這個合法的途徑、暢通的管道？

一位醫生來信敘說他痛苦的經歷。住宅區中突然出現一個地下鐵工廠，噪音與廢氣使整個社區變色。他從私下的懇求到公開的陳情控告，無所不試，結果，等於零。這個機構說法令不全，那個部門說不是他家的事，員警更說開工廠的人可憐！這位醫生傷心絕望地問：「政府到底在做什麼？法律究竟在保護誰？」

連十七歲的高中生——中華民族未來的主人翁——都理直氣壯地說：「反正沒有用！我要到美國去！」

你不為我們的前途擔憂嗎？

這份絕望的無力感是誰造成的？

許多人或許會把箭頭指向政府——營建處、環保局、衛生署、警察局等等等，可是我不能，因為我的知識領域狹窄極了；我根本不知道垃圾有幾種處理方式、食品進口要如何管制、警力調動要如何分配。我不是專家，沒有資格告訴這些在位做事的人怎麼去做。

但是和你一樣，我是個有充分資格的公民。無力感的根源或許是個雞生蛋、蛋生雞的問題；你或許覺得缺乏暢通的管道咎在政府，我卻認為，你和我之所以有無力感，實在是因為我們這些市井小民不懂得爭取自己的權利，縱容了那些為我們做事的人。咎在我們自己。

大多數的中國人習慣性地服從權威——任何一個人坐在櫃台或辦公桌後面，就是一個權威。我看見學生到郵局取款，填錯了單子，被玻璃後的小姐罵得狗血噴頭。這位學生唯唯諾諾，驚恐萬分。我也看見西裝筆挺的大男人到區公所辦事，戴眼鏡的辦事員冷眼一翻，揮揮手：「去去去！都快十二點了，還來幹什麼？」大男人哈腰陪笑，求他高抬貴手。我更知道一般的大學生，在面對一個拆「爛汙」的老師時，不是蹺課以逃避，就是附和以順從。

到郵局取款，拿的是自己的錢，填錯單子可以再填，學生為什麼卻覺得辦事小姐有頤指氣使的權利？區公所的職員，不到鐘點就理應辦公，大男人為什麼要哀求他？學生繳了學費來求知識，就有權利要求老師認真盡職，為什麼老師不做好，學生也無所謂？

所謂政府——警察局、衛生署、環保局——都是你和我這些人辛辛苦苦工作，用納了稅的錢把一些人聘雇來為我們做事的。照道理說，這些人做不好的時候，你和我應該手裡拿著鞭子，睜著雪亮的眼睛，嚴厲地要求他們改進；現在的情況卻主僕顛倒，這些受雇的人做不好，我們還讓他聲色俱厲地擺出「父母官」的樣子來把我們嚇得半死，腦袋一縮，然後大嘆「無力」！

連自己是什麼人都不知道，連這個主雇關係都沒弄清楚，我們還高喊什麼「民主、倫理、科學」？

每天清早，幾萬個衣履光潔的人湧進開往紐約市區的火車到城中上班。車廂內冬天沒有暖氣，夏天冷氣故障，走三步要拋錨兩步，票價還貴得出奇。可是因為是壟斷事業，所以日復一日，年復一年，人人抱怨，人人還是每天乖乖地上車。一直到史提夫受不了了，他每天奔走，把乘客組織起來，拒乘火車，改搭汽車。同時，火車一誤點，就告到法庭去要求賠償。他跟鐵路公司「吃不完，兜著走」。

史提夫沒有無力感。

安東妮十三歲的女兒被酒後駕車的人撞死了。因為是過失殺人，所以肇事者判的刑很輕，但是安東妮只有一個不能復生的女兒，這個平凡的家庭主婦開始把關心的母親聚集起來，去見州長，州長不見，她就在會客室裡從早上八點枯坐到下午五點，不吃午餐。兩年的努力下來，醉酒駕車的法令修正了，警察路檢的制度加嚴了。別的母親，或許保住了她們十三歲的女兒。

安東妮也沒有無力感。

我並沒有史提夫和安東妮的毅力。人生匆促得可怕，忙著去改革社會，我就失去了享受生活的時間。大部分的時候，我寧可和孤獨的梭羅一樣，去看雲、看山、看田裡的水牛與鷺鷥。不過，我們不做大人物，總可以做個有一點用的小人物吧？一個渺小的個人，如你，如我，還是可以發光發熱。過程會很困難，沒錯；有些人會被犧牲，沒錯。可是，在你沒有親身試過以前，你不能說：「不可能！」在你沒有努力奮鬥過以前，你也不能談「無力感」。問問史提夫，問問安東妮。

講「道德勇氣」，不是可恥的事，說「社會良知」，也並不膚淺。受存在主義與戰亂洗禮的現代人以複雜悲觀自許，以深沉冷漠為傲；你就做個簡單卻熱誠的人吧！所需要的，只是那麼一丁點勇氣與天真。你今天多做一點，我們就少一個十七歲的說：「反正沒有用，我到美國去！」

美國，畢竟不是我們的家。

一九八五年二月十八日《中國時報》

幼稚園大學

有一天，去學生餐廳吃早點，看見校長親自站在那裡，檢查學生是否穿著不成體統的拖鞋出來。於是決定寫這篇文章。

這是在中央大學。「淚眼汪汪」的女生，則是在淡江大學。

這是一班大三的學生：聰慧、用功、循規蹈矩，標準國立大學的好學生。看完期末考卷，批完論文報告，我把總成績寄出，等著學生來找我：零分或是一百分，他們總得看著卷子的眉批，與我印證討論過之後，才能知道為什麼得了一百分或零分。

假期過去了，新學期開始了，學期又結束了。

學生來找我聊天、吃消夜、談功課；就是沒有一個人問起成績的事。有一個成績應該很好的學生，因為論文的注腳寫得零亂散漫，我特意大幅度地降低了他的分數，希望他來質疑時告訴他一個教訓：做研究，注腳與正文一樣重要。但是他也沒有來。

等了半年之後，我忍不住了：「你們為什麼不跟教授討論成績？」

學生面面相覷，很驚訝我問了這樣一個問題：

「我們怎麼敢呢？教授會很生氣，認為我們懷疑他的判斷力，不尊重他的權威。去討論、詢問，或爭執成績，等於是跟教授挑戰，我們怎麼敢？」

那麼，假設教授打了個盹，加錯了分數呢？或是一個不小心，張冠李戴呢？或者，一個遊戲人間的老師真的用電扇吹考卷來決定成績呢？

逐漸的，我發覺在台灣當教授，真的可以「get away with murder」，可以做出極端荒唐過分的事而不致遭到學生的反抗，因為學生被灌輸了二十年「尊師重道」的觀念；他不敢。

有一天，一個淚眼汪汪的女學生半路上攔住了我的車子：「有個同學扭傷了腳踝，你能不能送我們下山搭車回台北？我攔了三輛路人的車，他們都不肯幫忙！」

好吧！於是淚眼汪汪的女學生扶來了另一個淚眼汪汪的人，一跛一跛的，進了我的車。

下山只有幾分鐘的車程，可是車後兩個人拚命掉眼淚、吸鼻涕。受傷的哭，因為腳痛，想媽媽；沒受傷的也哭，因為她不知道如何處理這個情況。

事實上，這個驚天動地的「情況」只需要兩通電話：第一通打給校醫，第二通打給計程車行，如此而已。

我很驚異地看著這兩個女生哭成一團。她們今年二十歲，正在接受高等的大學教育。

她們獨立處事的能力，還不到五歲。

開始的時候，課堂上問學生問題得不到回音，我以為是學生聽力不夠，於是我把英語慢下來，一個字一個字說，再問，還是一堵死牆；於是改用國語，再問。我發覺，語言的問題其次，思想的貧乏才是癥結所在。

學生很用功。指定的小說或劇本上課前多半很盡責地讀完。他能把故事的情節大綱說得一清二楚，可是，當我開始問「為什麼」的時候，他就瞠目以對——不知道，沒想過。

他可以讀十篇愛倫坡的謀殺小說，每一篇都讀懂，但不能夠綜觀十篇整理出一個連貫的脈絡來。他可以了解蘇格拉底為什麼拒絕逃獄，也明白梭羅為什麼拒絕出獄，但這兩個事件之間有怎樣的關係，他不知道。他可以說出詩人艾略特對藝術獨創與模仿的理論，但是要他對王三慶的仿畫事件發表意見——他不知道，他沒有意見，他沒學過，老師沒教過，課本裡沒有。

我愛惜我的學生；像努力迎取陽光的黃色向日葵，他們聰慧、純潔、奮發，對老師尤其一片真情。但是，他們也是典型的中國學生：缺乏獨立自主的個性，盲目地服從權威，更嚴重的，他們沒有——完全沒有——獨立思考的能力。

錯在學生嗎？

當然不是。學生是一抔混沌的黏土，在教育者的手中搓揉成形。從小學到大專聯考這個漫長過程中的種種問題，暫且不談，讓我們看看這些「不敢」、「淚眼汪汪」、「沒有意見」的大學生正在接受什麼樣的高等教育。

二十歲的人表現出五歲的心智，往往是因為辦教育的人對學生採取一種「抱著走」的育嬰方式。常常會聽到一些大學校長說：「我把學生當自己的兒女看待。」一派慈祥。他也真做得像個嚴父慈母：規定學生不許穿拖鞋在校內行走，上課不許遲到，週會時要正襟危坐，睡眠要足八小時，熄燈前要洗澡如廁，清晨六點必須起床作操，講話時不許口含食物，夏天不可穿短褲上課，看電影有害學業，看電視有傷眼睛，吃飯之前要洗手，等等等等。

我一直以為大學校長是高瞻遠矚，指導學術與教育大方向的決策人，而不是管饅頭稀飯的保母，但這也暫且不提。這一類型的教育者的用心，毋庸置疑，當然是善意的，問題是，我們論「事」的時候，用心如何根本不重要，重要的是實際的後果，而教育的後果何其嚴重！這種餵哺式、育嬰式的大學教育剛好吻合心理學家Levy[2]早在一九四三年給所謂「過度保護」（Overprotection）所做的詮釋：第一，給予過多的接觸——「有任何問題，隨時來找我」；第二，禁止他獨立自主——「你不許……」；第三，將他「嬰兒化」——「乖，早睡早起」；第四，把自己的價值取向加諸其身

——「你聽我的……」。在這種過度呵護的幼稚教育下成長的大學生，遇事時，除了「淚眼汪汪」之外又能做什麼呢？

教育者或許會說：這些學生如果進大學以前，就已經學好自治自律的話，我就不必如此提之攜之，餵之哺之；就是因為基礎教育沒教好，所以我辦大學的人不得不教。雖然是亡羊補牢，總比不教好。

聽起來有理，其實是個因噎廢食的邏輯。這個學生之所以在小、中學十二年間沒有學會自治自律，就是因為他們一直接受餵哺式的輔導，那麼大學來繼續進行「育嬰」，這豈不是一個沒完沒了的惡性循環？把學生口裡的奶嘴拿掉，我們總要有個起點；大學不做，更待何時？再說，我們對大學教育的期許是什麼？教出一個言聽計從、中規中矩、不穿拖鞋短褲的學生，和教出一個自己會看情況、做決定、下判斷的學生——究竟哪一個比較重要？為了塑造出「聽話」、「規矩」的青年，而犧牲了他自主自決、自治自律的能力——這是我們大學教育的目的嗎？

在生活上，教育者採取懷裡「抱著走」的方式；在課業上，許多教書的人就有用鞭子「趕著走」的態度。

就上課點名這件小事來說，以學生出席與否作為評分標準的老師很多，他們的論點是：學生都有惰性，今天我逼你讀書，日後你會感謝我。

這個說法也很動人，卻毫不合理。首先，我們不應該忘記，開一門課程最根本、最重要的目的在傳授知識，而不在鈴響與鈴響之間清數「少了幾頭牛」。照邏輯來說，如果一個學生不聽課就已經具有那門課所要傳授的知識，並且能夠以考試或其他方式證明他的程度，那麼他就沒有必要為了一個人頭點名的成規而來報到。歸根究柢，這個「成規」當初之所以存在，只是為了幫助學生獲取這一門知識——讓我們在同一時刻同一地點去聽同一個人有系統地講——但是，一個學生，不論原因為何，已經擁有那個知識，那麼要他來做充數的形式就是捨本逐末，也是為師者見林不見樹的錯誤。反過來說，一個學生沒有那門知識卻一再缺課，教授當然要淘汰他，但淘汰的理由應該是：你沒有得到知識；而不是：你點名未到。上課出席率與知識吸取量並沒有因果或正比的關係。

為師者「嚴」，我絕對贊同；愈嚴愈好。但是那份「嚴」與「逼」必須在實質的知識上，不在僵化的形式上。換句話說，教授可以用比較深奧的教材，出比較靈活的考題，指定比較繁重的作業，來逼迫學生努力。但他如果尊重學生是一個有自主判斷能力的成人，他就沒有理由拿著鞭子把學生抓到教室裡來；充其量，做老師的只能嚴肅地說：上不上課在你，努力不努力也在你；你要學會如何為自己的行為擔負後果。

從小學到高中，我們的學生已經在「鞭策」之下被動了十二年，如果最後的大學四年他們也在鞭下長大——他們會長大嗎？畢了業之後又由誰來執鞭呢？

這種「趕著走」的鞭策教育貽害極深。學生之所以不能「舉一隅而以三隅反」，固然是因為在「抱著走」、「趕著走」的過程中從來沒有學過如何去思考，有一個實質上的困難使他即使想開始也不可能。

信仰鞭策教育的人不相信學生有自動好學的可能。於是設置了七七八八的課目，塞滿學生的時間。大一的學生，譬如說，一星期就有三十多個小時的課。大四的課少了，有些系就強迫學生修額外的學分，作為防範怠惰的措施。

可是我面臨一個巨大的難題。

文學是思想；每一小時的課，學生除了必須做兩小時的課前預讀之外，還得加上三小時課後的咀嚼與消化，否則，我付出的那一小時等於零。文學，也不是象牙塔裡的白日夢；學生必須將那一小時中所聽到的觀念帶到教室外面、校園外面，與廣大的宇宙和紛擾的現實世界銜接起來。否則，這個新的觀念也等於零。

這些，都需要時間與空間，可是學生辦不到。他們的課程安排得滿滿的，像媒婆趕喜酒一樣，一場接一場。他們的腦子像一幅潑了大紅大紫、沒有一寸留白的畫。

如果怕學生怠惰，我們應該增加學分時數強迫學生把「身體」放在教室裡呢，還是應該加深加重課程的內涵使學生不得不把整個「心」都投入？這是不是又牽涉到一個本末的問題？

我們如果不給學生時間與空間去思考，我們又怎麼能教他們如何思考呢？

在國外教書的那許多年，我踏出教室時常有生機盎然的感覺，因為在與學生激烈的反應與挑戰中，我也得到新的成長。在這裡，走出教室我常有被掏空的感覺，被針刺破了的氣球一般。學生像個無底的撲滿，把錢投進去、投進去，卻沒有什麼驚奇會跳出來，使我覺得富有。

說學生缺乏自治自律的精神，說他們沒有獨立思考的能力，我其實還沒有碰觸一個更基本的先決問題：我們的教育政策究竟希不希望教出獨立自主的學生來？答案若是否定的，這篇文章便毫無意義，可以燒掉。我是在假定我們的社會有意造就獨立自主的下一代的大前提之下寫這篇檢討。

可是，如果這個假定的大前提是對的，為什麼我們在思想的訓練上，還是採取「騎著走」的方式？

一方面，學生懦弱畏縮，成績有了失誤，不敢去找老師求證或討論。教授解錯了題目，不敢指出錯誤，大家蒙混過去。對課程安排不滿，不敢提出異議。不願意被強迫住宿，卻又不敢到訓導處去陳情。私底下批評無能的老師、社團的限制、課外活動的規則，或宿舍管理方式，可是又不敢光明正大地對當事機構表達意見。偶爾有人把批評寫成文章，要在校刊上發表——「不必試，會被壓下來！」學生很肯定地說：「反正沒有用，我畢了業就到美國去！」

另一方面，做老師的繼續努力強調「尊師重道」的傳統美德，連學生少鞠一個躬都當作對五千年中華文化與民族的背叛。「尊師重道」這四個字在歷史上的意義我不去談，在現代講究分工與專業的社會裡，卻很有商榷的餘地。「重道」毋庸置疑；對知識的肯定與尊重是教育之所以成為制度的基礎。但是「尊師」，如果指凡「師」必「尊」——只因為這個人在這個位子——那就是鼓勵盲目地服從權威。到處都有誤人子弟的師，有不學無術的師，更有招搖撞騙的師；我們有沒有權利要求學生「尊」無「道」的「師」？

學生怯懦畏縮，是他們缺乏勇氣，還是我們迷信自己的權威，又缺乏自信，不敢給他們挑戰的機會？

我們若真心想培養出有能力「慎思、明辨、篤行」的下一代，為什麼又懼怕他因為「慎思、明辨」而對我們的權威造成威脅？

台灣的大學在師資與設備上，比我自己的學生時代要進步得很多很多。中國學生的聰慧、誠懇，與一心想討好老師的認真努力，常常深刻地感動我。而學生資質愈好，這種幼稚化的大學教育就愈令我焦急難過。辦教育的人，或許本著善意與愛心，仍舊習慣地、固執地，把大學生當「自己的兒女」看待，假定他們是被動的、怠惰的、依賴的。這個假定或許沒錯，可是教育者應對的方式，不是毅然決然地「斷奶」，而是繼續地呵護與控制，造成一種可怕的惡性循環。

令我憂心不已的是，這些「不敢」、「淚眼汪汪」、「沒有意見」、「不知道」的大學生，出了學校之後，會成為什麼樣的公民？什麼樣的社會中堅？他能明辨是非嗎？他敢「生氣」嗎？他會為自己爭取權利嗎？他知道什麼叫社會良知、道德勇氣嗎？

恐怕答案全是否定的。

如果我們把眼光放遠，真心要把台灣治好，我們需要能思考、能判斷、有勇氣良知的公民；在位在權的人必須張開手臂來接受刺激與挑戰。如果我們真心要把教育治好，為這個民族培養出能思考、能判斷、有勇氣良知的下一代，那麼辦教育的、教書的，就不能迷信自己的權威；他也要禁得起來自學生的刺激與挑戰。

把我們的大學生當「成人」看吧！給他們一個機會，不要牽著他的手。

一九八五年三月十四日《中國時報》

1 一九八四年，王三慶指出老師曾后希賣給國賓飯店的〈夜宴圖〉是自己所畫，被老師一狀告上法庭。官司纏訟五年，王三慶最後被判無罪。

2 David Mordecai Levy，一八九二—一九七七，美國心理學家，著有《母親的過度保護》（*Maternal Overprotection*），認為對個人社會行為最具影響力的，莫過於與母親的最初社會經驗。

不要遮住我的陽光

台北市政府宣稱要鑄一個比自由女神更高更重的孔子銅像，使我覺得不堪忍受。

「台北實在夠糟了！給我們一片青翠的草地，給我們一點新鮮的空氣，給我們一個清靜的社區，給我們的孩子一個乾淨的廁所、一個寬廣的公園、一個兒童圖書館，但是不要，不要給我們一個會遮住陽光的大銅像。」

十五年之後，我發現自己坐在台北市政府的辦公室裡，不斷地跟工程單位的同仁推銷什麼叫「減的美學」。

台灣是個標語國家。走上街，看見「兩個孩子恰恰好」，上了天橋，讀到「迎頭趕上」，經過電線杆，瞄見「保密防諜，人人有責」，在公車裡坐下，猛抬頭就是「敬老尊賢」，走進教室，有熟悉的「莊敬自強、處變不驚」，進了廁所，大概是「養成洗手好習慣」，路過公家機關，就看見「民主、倫理、科學」、「檢舉壞人就是保障好人」。還有一些根本看不懂的：「拚命就是保命」，橫掛在車馬雜亂的大街上，好像鼓勵開車的人要衝鋒陷陣。

有沒有想過，為什麼台灣的標語這麼多？是什麼人，在什麼情況下，努力造出一句話來，然後寫在紙上、塗在牆上，使我們在生活空間中想逃也逃不掉？他的動機在哪裡？

答案當然是，「解決問題」。因為有些人很髒，所以貼個「整潔為強身之本」。有人逃兵役，所以橫街掛個大布幔：「兵役是光榮的義務」。因為拚命三郎開車喜歡追撞，所以車窗後貼個「保持距離，以策安全」。因為中國人自信心低落，所以在校門柱刻上「做個堂堂正正的中國人」。每一個標語背面都有一個我們希求解決的問題。而台灣標語之無所不在，又使人相信，大概每一個問題都產生一個標語。

這些標語有用嗎？你幾時在行色匆匆之餘，停下腳步來思索「民主、倫理、科學」？有多少人因為看見「消除髒亂、人人有責」的大字牆，回家就打掃庭院？又有誰看了電線杆上「培養書香社會」的條子，開始讀起書來？在「倒垃圾者是畜生ＸＸ」的牌子下尚且有一大堆垃圾，這些不痛不癢、老生常談的標語口號有什麼潛移默化的效果呢？

中國人重形式、做表面的習性到處可見，標語的氾濫只是一個表徵。拿一個極其嚴重的問題來看：大家都說，現代的中國人對自己缺乏信心，西方的文化只學到皮毛，而且不能消化，自己的傳統文化卻已完全拋棄。怎麼辦？很簡單！首先，到街頭、學校、車站，貼上千千百百個標語：「復興中華文化！」

然後，在台北市塑造一個比自由女神還要高、還要重的孔子巨像。氣魄要大，所以單單銅料就要花一億元以上。銅像用來宣揚孔子思想、復興中華文化、改善人民文化氣質，更昭告世人，台灣是中華文化的堡壘。

我不是在說笑話；你沒看報紙嗎？市政府一點沒有幽默的意思。

這個龐然巨物建立起來之後，大概會遮掉好大一片天空，使許多住家變得陰暗封閉。冬天的霪雨和市區的汙染將為銅像覆上一層骯髒的顏色。銅像邊的街道，大概與紅毛城四周一樣，會有像蒼蠅叮肉似的攤販，而街上的交通將因遊客的往來而呈爆炸狀態。至於這麼一大塊銅將如何「宣揚孔子思想」、「復興中華文化」，我非常迷惑。

如果建個銅像能解決傳統失落、自信缺乏的難題，那可好了。我們不是要培養書香社會嗎？在基隆港口用水泥塑一本比軍艦還大的書怎麼樣？要發展尖端科技嗎？在鵝鑾鼻頭造個比山還高的塑膠火箭模型吧！要恢復民族自信心嗎？何不在玉山頂上刻幾個大到火星人都看得見的字：「中國第一」。如果你覺得這些例子很荒謬，那麼用幾億元鑄個銅像來宣揚中華文化就不荒謬嗎？希望一個巨無霸的雕像能解救文化的危機，就好像寄望「在此倒垃圾是狗」的牌子去解決垃圾問題一樣的愚蠢。

但是這種形式至上、表面優先的心態以各種方式在各個層面表露出來。學生頭髮長一吋或短一吋，似乎比他腦袋裡的知識來得重要；制服上多一個鈕扣或少一個鈕扣，似乎比他心智的成熟與否要嚴重得多。要招徠國際觀光客，不先默默地把環境整治乾淨，把古蹟保存原色，把都市環境美化，卻先大聲嚷嚷「美麗的寶島」，努力於宣傳。聽說要推行綠化運動，好，把樹林都砍了，水泥鋪上去，再用綠色的油漆把水泥塗綠。我們的小學生，上學時有憋一整天不上廁所的，因為學校的廁所太破太臭，但是如果有了一筆錢，學校會先考慮在校門口鑄個偉人銅像，不會為孩子造廁所。究竟是見不得人的廁所重要呢？還是光潔體面的銅像重要？你告訴我。

有個朋友在我出國前夕，帶來幾卷中國畫，語重心長地說：「送給外國人，宣揚一下中華文化之美！」我聽了只有深沉的悲哀——今天的中國人如此渴求別人的認可？如此盼望別人拍我們的肩膀說：「還可以」?!今日的台灣若真有厚實的文化傳統，不需要努力地「宣揚」，人家自然會慕名而來。台灣的內在若是空虛淺薄，我們再「宣揚」又有什麼意義？我們這樣迫切地要求別人的注意，本身就是一個心虛、缺乏自信的表現。可是缺乏自信便也罷了，何不勇敢地承認自己的心虛與弱點，實實在在地去提升自己！相反的，我們做的是沒頭沒腦的「宣揚」工夫——貼標語，做宣傳，鑄世界上最大、最重、最高、最貴的銅像……這不是心虛的暴發戶心態，是什麼？

人瘦並不可恥，可恥的是把自己的臉打腫了來冒充胖子。我們有社會問題與文化危機並不可恥，可恥的是造個大銅像來自我陶醉，宣稱自己是中華文化的掌門人。走過陰暗狹窄的小巷，我又看見駝著背的老頭坐在板凳上，用枯乾的手一針一針縫著一隻破舊的皮鞋——他知不知道某個衣履光潔的市府官員要從他口袋裡拿出錢去造一個巨無霸的銅像「復興中華文化」？如果報稅單上有這麼一個名目，我也會和梭羅一樣拒絕繳納這筆銅像稅，我寧可坐牢，也不願支持這樣愚蠢的好大喜功。

台北實在夠糟了！給我們一片青翠的草地，給我們一點新鮮的空氣，給我們一個清靜的社區，給我們的孩子一個乾淨的廁所、一個寬廣的公園、一個兒童圖書館，但是不要，不要給我們一個會遮住陽光的大銅像。

一九八五年三月三十日《中國時報》

不一樣的自由

他的論點非常偏頗，但我微笑地聽他說話，欣賞他有勇氣說別人不敢說的話。

她那個打扮實在古怪，而且難看。頭髮狠狠地束在左耳邊，翹起來那麼短短的一把，臉蛋兒又肥，看起來就像個橫擺著的白蘿蔔。腿很短，偏又穿鬆鬆肥肥的褲子，上衣再長長地罩下來，蓋過膝蓋，矮矮的人好像撐在麵粉袋裡做活動廣告。她昂著頭、甩著頭髮，春風得意地自我面前走過。

她實在難看，但我微笑地看她走過了，欣賞她有勇氣穿跟別人不太一樣的衣服。

*

這個學生站起來，大聲說他不同意我的看法。他舉了一個例子，一個邏輯完全錯誤的例子。比手畫腳地把話說完，坐下。全班靜靜的，斜眼看著他，覺得他很猖狂，愛自我炫耀，極不穩重。

他的論點非常偏頗，但我微笑地聽他說話，欣賞他有勇氣說別人不敢說的話。

*

朋友發了兩百張喜帖，下星期就要結婚了。可是又發覺這實在不是個理想的結合——兩百個客人怎麼辦？他硬生生地取消了婚宴。

他的決定實在下得太晚了一點，但我微笑地撕掉那張喜帖，欣賞他有勇氣做一般人不敢做的事，上了車，還有下車的勇氣。

*

簡陋的講台上，披著紅條子的候選人講得聲嘶力竭。穿制服的警察、著便衣的監選員，緊張地站在群眾堆裡。候選人口沫橫飛地，把平常報紙絕對不會刊登的言論大聲大嚷地說出來。

他舉的例子謬誤百出，他的用語粗糙而低級，可是我站在榕樹蔭裡，耐心地聽他說完，欣賞他有勇氣主張與大眾不同的意見。

*

那個蘿蔔頭也許很幼稚，只是為了與別人不同而不同。我的學生也許很膚淺，站起來說話只是為了出鋒頭。取消婚宴的朋友或許有朝三暮四的個性，極不可靠。使警察緊張的候選人或許知識和格調都很低，對民主的真義只有很淺薄的了解。

可是，我想，他們有與我不一樣的自由，也有與你不一樣的自由。

一九八五年四月十九日《中國時報》

正眼看西方

聽到別人批評時，正常合理的反應應該是，先問他說的是否真有其事？若真有其事，如何改進？在聽到西方人的批評之後，或者因民族情緒高漲而勃然大怒，或者特別為了討好西方而快馬加鞭，都是不正常的心理表現。

說台灣非常崇洋？

好像是的。不管貨品好壞，一加上洋文包裝，就有人趨之若鶩。走進豪華大飯店，侍者對外國客人殷勤備至，對自己的同胞卻往往視而不見。有難題存在，總要打上「有礙國際觀瞻」的字號才能得到快速的解決，如果有政客來訪，記者最強調的，是此人對台灣印象好不好。在教育上，當年背誦「床前明月光」和「臣密言、臣以險釁」的一代，現在忙著送下一代到英語幼稚園讀「哈囉，你好嗎」。每年夏天一批一批優秀或不優秀的青年乘著一架又一架的七四七，到西方去接受頭腦與精神的改造。到了彼岸，大部分就不再回頭。

可是台灣真的崇洋嗎？

好像又不是。一個金髮朋友在動物園裡看柵欄裡的猴子，旁邊一個年輕人突然大聲說：「哇塞！猴子看猴子！」周圍的人愉快地大笑。這位中文非常好的朋友一句話不說地走開。認為西方人是猴子、鬼子、蠻子的中國人可還真不少。中國菜世界第一，中國人會用筷子真聰明，中國人講禮義廉恥、重倫理道德，西方人卻功利現實、人情澆薄。中國的夫妻一夜就有百世的恩情，西方的男女輕薄隨便，道德敗壞。中國人在制禮作樂的時候，西方人還在茹毛飲血呢！

如果說台灣崇洋的心理很深，那麼「反洋」的情緒卻一點兒也不弱。寫文章的人一旦提到西方的優點，就得趕忙下個注解：「我不是崇洋！」作為招架之用。「崇洋」這個詞本身就是個罵人的話，表示我們的社會一方面深深受西方文明的吸引，一方面心底又有很深的排拒感。在這兩種衝突的情緒左右之下，就產生許多奇怪的現象。

譬如說，如果某個生在台灣的金髮小孩說：「我要做中國人，我不要回美國。」或是哪個傳教士說：「我熱愛中華文化，我把一生獻給中國。」我們的報紙會大加喧騰，每個中國人都覺得得意。反過來說，如果一個生於美國的中國孩子說：「我不要做中國人」，或一個留學生膽敢宣布「我熱愛美國文化，我要獻身美國」，恐怕很少中國人不氣憤填膺，罵這個人是數典忘祖的叛徒。也就是說，別人仰慕我們理所當然，我們卻絕對不可以欽佩別人。這個心理怎麼解釋？

許多父母千方百計地把兒女送到國外，以逃避台灣的聯考制度。這些父母被指責為崇洋媚外。而事實上，在台灣凡是做父母的，大概心頭都有一個解不開的結：希望孩子無憂無慮地長大，可是在教育制度的箝制下，不得不眼看著他眼鏡愈戴愈厚、書愈讀愈死、精神愈逼愈緊張。如果有機會，哪一個父母不希望兒女能逃過這個制度？在這種情況之下，有父母送子女出國，我們不沉痛地檢討教育制度的缺失，問為什麼台灣留不住人，反而拿出「崇洋」的帽子來指責，這不是也很奇怪嗎？

掙扎在崇洋與排外兩種心態之間，我們有時候就像個同時具有自卑感與自大狂的個人。對人，做不到不卑不亢。許多人對金髮碧眼的人固然是討好陪笑，過度諂媚，也有許多人特意地表現自尊而故意以傲慢無禮的態度相對。我們的駐外人員有時在簽證手續上刁難外人，所採的大概就是「我偏要整你」的心理。在自卑與自大的攪混之下，對事，我們就做不到客觀冷靜。在討論台灣種種社會問題時，常發現三種直覺的反應。其一是：「怎麼，老說咱們不好，西方就沒這些問題嗎？」

我可不懂，台灣有的缺點，與西方有什麼關係？難道說，好，義大利也髒，所以台灣髒得有道理？墨西哥的汙染也很嚴重，所以我們汙染沒有關係？別的國家有相似的問題，於是我們的問題就可以隨它去？不管西方有沒有類似的問題，我們仍舊得正視自己的缺陷，不是嗎？

第二種反應是：「你老說歐美文明進步，你崇洋！」這種說詞完全是感情用事。如果有人說歐洲乾淨，那麼正常的反應應該是，第一問，歐洲乾淨是否事實？第二問，「乾淨」是不是我們想要的東西？如果兩問答案都屬肯定，那麼第三問：我們如何效法，做到「乾淨」？整個程序和崇洋不崇洋扯不上一丁點的關係。

第三種常出現的反應，尤其來自官方，是說：「那是西方的，不合國情！」這「不合國情」是個很重的大帽子，一方面罵人家崇洋，一方面罵人家不切實際、一方面也擋住了改革的呼求。什麼建議或觀念，只要加上「西方」的標幟，就容易以「不合國情」來打發掉。而事實上，凡是「西方」的，不一定就「不合國情」，「不合國情」也不表示不能做。公德心不合國情吧？我們要不要公德心？近代民主是西方的，我們要不要民主？守法似乎也不合國情，我們要不要守法？

這三種反應都很情緒化。我們應該關切的是歐美一些價值觀念或行為值不值得我們擷取。如果值得，那麼不管西方不西方，都應該見賢思齊，努力地去「崇洋」。如果不值得，那麼不管西方不西方，我們都不要受誘惑。但是我們若不能清除掉對西方的情緒作用——盲目地媚洋也好，義和團式的反洋也好——我們就永遠不可能面對西方，就事論事，做客觀而合理的判斷。

當一個西方人說：「在台灣吃東西有中毒的危險，過街有被撞死的可能。中國人髒、亂、嘈雜、粗魯」的時候，大概沒有幾個中國人不勃然大怒的，但是我不，因為我知道，當中國人從東南亞或其他地區回來的時候，他們也說：「哇！那邊好落後，吃東西有中毒的危險，上街會被撞死。他們又髒、又亂、又吵，真受不了！」「他們」聽了又如何？用自家一把尺量天下的，不僅只西方人而已。這個世界，有醜陋的美國人，也有醜陋的日本人、德國人、法國人，你想，就少得了醜陋的中國人嗎？

更何況，聽到別人批評時，正常合理的反應應該是，先問他說的是否真有其事？若真有其事，如何改進？在聽到西方人的批評之後，或者因民族情緒高漲而勃然大怒，或者特別為了討好西方而快馬加鞭，都是不正常的心理表現。

收音機裡聽到立法委員說：「我們出國考察，發覺歐美國會議員都有助理，我們沒有，害我們很不好意思……」說得理直氣壯，我聽得一頭霧水：因為他們有，所以我們也要——這是什麼邏輯？但是今天好像這個現象很普遍：紐約有地下車的塗鴉畫，台北也要有，不管有多難看。美國有自由女神，咱們也來個孔子大像，不管是否實際。這是心理上的奴隸。反過來，別人出國深造，我偏不出去，我愛國。西方講開放容忍，我就偏講保守的美德。西方人談尊重個人，我就偏說團隊至上。西方愈怎麼樣，我就愈是不怎麼樣。這，也是心理上的奴隸。我們必須除去這個心魔，才能正眼看著西方——他們反核，我們要不要？他們反汙染，我們要不要？他們有休假制度，我們要不要？他們講性開放，我們要不要？每一件事做客觀冷靜的、不自卑不自大、不情緒反應的探討，中國人才有可能從西方巨大的陰影中自己站出來。否則，崇洋或反洋，我們都是別人的奴隸。

一九八五年五月一日《中國時報》

「對立」又如何？

用了「對立」這個詞，好像就等著頭上懸著的一把刀子什麼時候砸下來。「操國民黨」的意思是說，你既然權力一把抓，那麼人民不分青紅皂白的怨恨也就要概括承受。

「這篇文章能夠刊登，也算是一個小小的指標吧？」寫這一行，表示我也心虛了。

農林廳與養豬的老百姓本來有一個契約：豬價看好的時候，政府抽成；豬價低落的時候，政府補助。這個政策是否智舉在此不論。最近市場奇壞，農林廳採取了一項行動：片面毀約。而後廳長在報上說：希望農民「體諒」政府、「支持」政府，不要控告政府。

台電決定要建核廠，先用了老百姓幾百萬的錢之後，再來徵求同意。反對的聲浪掀起之後，台電一方面大做廣告宣傳，一方面說，請大家「體諒」政府、「支持」政府。

這些政府機構的首長之所以會對民眾有這樣的要求，當然是因為他們覺得自己有權力做這樣的要求。從小學裡的公民課本到大街上的海報標語，我們被灌輸的觀念是：人民對政府要「支持」、要「擁護」、要「愛戴」、要「感激」所謂「德政」。人民與政府的「對立」，是危險的。

這種觀念，這樣的字眼，不能稱為民主吧?!所謂政府，是為我這個市井小民做事的；他凡做一件事，我要用監督的眼光衡量他的效率與成果，做得好，是應該的（因為國父說他是我們小市民的「公僕」），做得不好，就得換人。我憑什麼要不分是非，沒有條件地去「擁護」、「支持」政府！政府必須以實際的行動來贏取我的支持，他沒有權力全面地要求我的「愛戴」。事情做得好，更不是我必須涕淚感激的「德政」，是他「分內」的責任。

農林廳片面毀約，能要求受損的養豬戶支持嗎？政府可以毀約，那麼屠宰商是否也可以拒絕繳納一頭豬四五百元的屠宰稅呢？屠宰商是否也可以在拒絕納稅之後，要求農林廳長「諒解」或「支持」呢？農林廳如果不做補救的措施，而我們赤腳的養豬戶、屠宰商又不訴諸法律，這就表示台灣的民主完全沒有生根。

台電的作為就更令人心驚膽戰。不管核廠在生態、經濟各方面考慮之下該不該建，它在計畫未通過之前，就先動用了老百姓的錢，本身就是一個值得議論的行為。它更在電視的兒童節目裡，利用小學生以稚嫩可愛的聲音說：「老師說，核電廠對生態沒有任何破壞！」台電真的是把我們的民眾當傻瓜來處理。

但是我們的民眾是不是傻瓜呢？

到大安戶政事務所去申請戶籍謄本，發覺幾十個人背貼背地擠在一個櫃台，櫃台後只有一個工作小姐埋頭苦幹，其他部門的人卻輕鬆得很，談笑的談笑，吃糖的吃糖。一個戴眼鏡的男人把正在踱方步的主任找了出來質問。

「你為什麼不能增加人手？」

主任擺出自衛的姿態，不耐煩地說：「上面編制就是一個人，不能增加！」

一個女人扯開嗓門：「那你不能調動別的人來幫忙？你沒看到這兒擠得不像話？人家古亭區就不這麼糟！」

主任生氣地回答：「古亭怎麼樣與我無關！」

圍在他身邊的人愈來愈多，一個滿嘴金牙的女人大聲說：「那個小姐忙不過來，你這個主任就不能過去幫忙嗎？你這算什麼公僕？」

主任推開群眾，走進辦公室，碰一聲把門關上。

這是令我高興的一幕。這個主任就是構成所謂「政府」的一部分。像這樣缺乏效率、不知檢討、毫無服務觀念的政府「官員」當然不少，但是今天的人民已經不是「愚民」。我很欣喜地看著大學生與學校當局熱烈地討論組織章程，大聲地提出反對的意見。我很安慰地看見智能不足兒童的母親集體到教育部去陳情，慷慨激昂地把現行制度對她們的子女不公平的地方一一指出，要求改善。

有指責，有要求，就算是「對立」，那麼對立有什麼不好？權利是爭取來的。人民如果相信政府是一個需要無條件「支持」、「擁護」、「愛戴」的東西，那這政府也真可以為所欲為了。就是要有「對立」的人民，監督的人民，才可能有好的政府。從前教育不普及的時候，或許政府壟斷了知識，民眾不得不聽政府專家的領導。今天的台灣，「在野」的知識說不定比「在朝」的還多，在這種情況下，政府能不經溝通就一廂情願地要求人民「支持」、「擁護」嗎？

「政府」，通常是個很嚇人的名詞，意味著權威、統治，非常的抽象。事實上，政府由個人組成——從戶政事務所的主任到國家元首，而只要是個人，就有個人的偏見、私欲、學識的限制、才智的不足。由各種有缺陷的個人所組織起來的政府，可能「完美」嗎？人民怎麼可以閉起眼睛來，放心地「擁護」呢？

托瑪斯・曼寫過一篇政治寓言似的小說，描寫一個魔術師如何用他的意志與偽裝徹底地瓦解了觀眾的意志。他的政治訊息是：如果沒有觀眾的「默許」，這個魔術師不可能得逞；如果沒有人民群眾的「默許」，任何獨裁者也不可能得勢。也就是說，民主不是從天上掉下來的，必須經過理性的爭取，不懂得爭取權利的人民，而受獨裁統治，那是咎由自取。

有一天搭計程車，跳過馬路上一個大坑，受驚之餘，這個嚼檳榔的司機往窗外狠狠吐了口痰，罵了一句：「操國民黨！」

這個司機完全錯了！他可以「操」養工處，可以「操」市政府，但路上一個坑，與國民黨這個政黨何干？他的咒罵完全不公平。可是，或許有一個可能的解釋：他罵黨，因為他不知道政府哪一個部門負責哪一樁事，路上有坑的時候，他不知道該找誰負責；換句話說，當他要爭取權利的時候（譬如行路無坑的權利），他並不知道有什麼管道可循。

這是一體的兩面：如果政府只一味地要求人民盲目地「支持」、「擁護」，而不清清楚楚地告訴他如何由各種管道去爭取各種權利，倒過來，當人民不滿的時候，他的指責也就變成盲目地亂指一通。我們要的是敢於面對現實、接受挑戰、勇於負責的政府，但是要促成這樣的政府，我們更需要有批判能力、有主動精神、有理性的人民。歸根究柢，實在是一句老生常談：幾流的人民就配幾流的政府。這篇文章能夠刊登，也算是一個小小的指標吧？

一九八五年五月十九日《中國時報》

焦急

一天晚上，在淡江校園裡，一個不認識的學生突然遞過來一包東西，說：「老師，你拿回去聽。」他顯得緊張，好像在做一件危險的事。

原來是羅大佑的歌。還有一張短箋，學生寫著：「老師，我相信您和羅大佑在做同一件很重要的事情，你們應該彼此認識的，但是您要保重。真的。」

很多年以後，另一個學生告訴我，他在淡江行政樓裡打工，曾經不小心看見「關於龍應台的檔案」。他不敢聲張。

為什麼老寫台灣的缺點？難道你看不出這裡有任何一點美好的東西？為什麼不說說台灣的好？

朋友這樣指責我。

於是我帶點罪惡感，走到人頭攢動的淡水街頭，再深深看一眼。

還有比阿華更好的肉販嗎？他的肉攤子在市場入口第一家。從清晨六點開始剁肉切肉，應該是血肉模糊的木檯子卻乾乾淨淨；他每切一次肉，就清洗一次檯面。切肉的時候，專心一致，把皮切開，把肥肉去掉，然後小心地把你要的肉放在秤上，告訴你多少錢，再添上一點瘦肉。包好之後，如果嫌提著太重，他就先把肉放在他的冰箱裡，等你回程再取。如果你不懂怎麼去清理豬腦，他就做給你看；拿支牙籤，很技巧地把表面的血膜一路捲下來，然後告訴你有幾種做法。阿華是個賣豬肉的市場小販，沒讀過幾年書，可是他彎身切肉那個專注的神情，好像手裡一塊油膩的豬肉是珍貴的木雕藝術，一刀都錯不得。他對自己行業的敬重，比一些大學教授還要來得虔誠。

到河邊的郵局取信也是件愉快的事。認識你是「淡水人」之後，忘了郵箱鑰匙也沒有關係，窗後的人並不在意為你走一趟，把信遞給你。買郵票少了幾塊錢也無所謂，下次再帶來。如果你有遠行，回來時急急探望堆積的郵箱，會發覺整疊整疊的郵件一捆捆紮好，等著你來拿。更好的是，插隊的人擠到你前頭去時，賣郵票的小姐會很有正義感地堅持先把郵票賣給你。

早上取信之後，我就繞到郵局後面的淡水河堤。十點鐘，正是漲潮，水波一浪又一浪地撲著河岸，皮膚黝黑的漁民蹲在地上修補魚網。對著觀音山，我坐在堤上讀信，偶爾，水花會濺到信紙上來。如果是黃昏，豔麗的夕陽就把薄薄的信紙映成透明的紅色。

在田埂上坐下。戴斗笠的男人捲著褲腳，正吆喝著黃牛拖犁，犁過的地方，黑色的泥土就鬆鬆肥肥地翻起來。面貌包紮得嚴密的女人用一支耙子，小心地在青菜的周圍鬆土。

「你們種什麼？」

「高麗菜。」

「真甘苦吧？」

「自己的土地，也沒什麼甘苦可講。人就是愛打拚啦！」

黃牛腳蹄沉重地又邁了過來，女人說：

「阿兄，讓牛休睏啦！伊在喘呢！」

他們的語言，像田裡的泥土一樣實在，不是我學得來的。他們不吃牛肉，因為牛曾經為他們的土地喘息、流汗。他們用手腳與泥土接觸，甘苦不甘苦，這是他們與大地之間生命的契約，沒有置疑的必要。

誰說我看不出這塊土地的美好？

可是，我確實寫不出讚美的文章來；我說不出口。

住在校園中心，通往外界有三條路可走。出了前門是一條短短的下坡路，左邊有棟樸素的老廟，飛簷很輕俏地指向天空。右邊是青翠的稻田，荷鋤的農人站在田心，遠遠看去像個稻草人。從側門走出，是條充滿蛙鳴與蟋蟀聲的山路，通往長滿相思樹的山丘。夾道的茅草叢和茅草後的水田裡藏了千百隻生命旺盛的小東西，在夏天的夜晚，忘情地嘶喊。這條路只能散步，不能聊天，因為蟲聲很放肆。第三條路則從後門出去，路上沒有一盞燈，就是黑暗中一條荒野小路。草叢的香味濃得像塊固體的香皂。有月光的晚上，這條小徑就變成了一條白色的帶子。

一年過去了，第一條路旁的水田被挖土機填平，擁擠的鋼筋水泥樓房像骯髒的章魚，張牙舞爪地延伸。路面被卡車軋壞了，凹凸不平。建築材料到處棄置。再過幾個月，人家會搬進來，騎樓會塞滿貨物，攤販會占據路旁，貨車會夾在路中；這條路，愈來愈難走。

蛙鳴的山路也結束了。建築一寸一寸地把水田吃掉，蟋蟀和青蛙被機器壓死。後山上滿山遍野的相思林整片整片地被砍掉，花枝招展的墓園像癬一樣，到處散布。建到一半又停工的房子露著生鏽的鐵管，很猙獰地霸占著山坡。

這條路，我不再走，因為每走一次，就發覺相思林又禿了一塊。

最後那條在黑暗中仰視月光的小徑，也失去了。半年前，草叢深處開始有人堆積垃圾，現在，短短一條路上有七個垃圾丘，一轉彎就是一個，半年前丟在那兒的免洗飯盒、汽水瓶、廢電池，現在還在那，明年，也會在那。有月光的晚上，垃圾的腐臭混合在逐漸消失的草香裡。

阿華的家就在這條小路底。他有四個眼睛圓滾滾的小孩，成天在外面玩；從前在草叢裡玩躲貓貓，現在在垃圾堆裡玩廢電池。

郵局後面的夕陽依舊是紅澄澄的一輪，很熱鬧地把河水染紅。只是落潮的時候，河床所暴露的垃圾也是一片猩紅。

指責我專挑台灣缺點的朋友，是個比我快樂的人。他可以站在渡船頭，迎著河風盡情地去受落日的感動，毫無保留地去愛那滿天的彩霞。我望著波光瀲灩，想的是水中多少魚已經含汞。望著河上如水上人家的採砂屋，想的是這些採砂商人如何把砂抽走，使得蚌殼沒有附著的沙土而漁民要操作十幾個小時才能撈起一點點收穫。想的是河底的沙如何淤積在河口，造成淺沙風浪，使小船出海有翻覆的危險。望著美得令人心疼的夕陽，我想的是，為什麼這樣的美景，我卻必須站在垃圾的腐臭中欣賞？坐在杜鵑花圍繞的陽台上，我想的是，那三條路正一條一條地乾枯，好像有人在我的血管末端打了結，好像有什麼病毒正一寸一寸順著我的四肢蔓延上來——我想的是：

這個美好的土地，你正在往哪裡去？

原諒我，我真的寫不出讚美的文章來，因為我心急如焚。

可是，你不焦急嗎？

一九八五年六月八日《中國時報》

機器人中學

一個為國家策劃百年大計的人，上了台之後就應該細心審視這個由來已久的框框：它應不應該繼續存在？它有沒有改革的必要？它合不合乎他個人的教育理念？

有一所國中一口氣處罰了八十個學生，因為他們頭髮過長[1]。有一個教官在大街上罰學生站，因為學生穿著制服當街吃西瓜。還有一位國中校長，因為學生蹺課出去鬧事，痛心反省之餘，大罵經費不足，未能把破損的校牆圍好，所以亡羊補牢第一步，申請經費修牆。更有出了名的復興中學，因為學生上台吻了異性表演者的面頰而將他們記「暗過」。

一個國中三年級的學生來信：「我們訓導主任和管理組長專門檢查服裝儀容。夏天再熱，襯衫的袖口不能捲起來，裙子要過膝。冬天的套頭毛衣除了黑、白，不能有其他顏色，鑲邊也不可以。書包的背帶不能太長，也不能太短。夾克的拉鍊必須拉到底。頭髮一定旁分，一定要用髮夾。髮長是用尺量的，多出一點點就要記警告；有劉海或打薄的，要記小過，而且，老師還會把你的頭髮剪成一邊長一邊短，後面剃平，作為一種羞辱、一種懲罰。」

是誰在作踐我們的子女？老師嗎？訓導主任和管理組長嗎？還是高高在上的教育執政者？

老師們，忙著把聯考所需要的知識塞到學生腦子裡，恐怕沒有時間去管學生的袖子是否捲起。訓導人員一手拿著一個四方框框，一手拿著剪刀，看到一個學生就用框框往他身上一套，超出框框的髮絲、裙角、手臂、頭腦，就咔嚓一聲剪掉，再記個警告。這種所謂「訓導」的目的呢，就是使所有中華民國台灣省所培養出來的十幾歲的小孩都長得一模一樣——髮型一樣、穿著一樣、舉手投足一樣、思想觀念一樣，像工廠的生產線所吐出來一部一部機器。當然並非所有的中學訓導人員都是剪刀與框框的信徒；把學生當作有尊嚴的個人去愛之誨之的一定也很多。可是這些剪刀與框框的信徒究竟錯在哪裡？

一位管理組長可以理直氣壯地說：頭髮多長、制服怎麼穿，又不是我的規定，我只是執行任務，盡忠職守。你要罵，去罵教育部長好了。

他說得不錯；他是用框框去套學生的人，可是製造那個框框的人並不是他。那麼這一類的訓導人員有沒有錯？那個一口氣處罰八十個學生的管理組長、那個當眾罰學生站的教官，有沒有錯？當然有！只有機器人才會拿著工具一視同仁地去「執行任務」，一個鄉頭打一個釘子。中學的訓導人員是知識分子，是負有重任的知識分子，他們直接地影響、塑造這整個民族的下一代；他們不應該是、也不可以是沒有思考力、判斷力的機器人。手裡拿著一個框框，他首先要問自己：這個框框的目的是什麼？女生的頭髮「為什麼」不能過耳？套頭毛衣「為什麼」不能是綠色？熱天裡，「為什麼」不能捲起袖子？想通框框的本意與目的之後，這個負有訓導重任的知識分子還要問：這個框框是否適用於所有的學生，所有的情況？跟我所學的教育的原則與信念是否有所衝突？執行的方式與尺度應該如何調節，才不至於使本來是「手段」的框框，變成死胡同的「目的」？這個為我們栽培民族幼苗的人更要問自己：我要怎麼樣運用這個框框才能達到真正幫助學生成長的目標？

學校不是軍隊，訓導人員不是沒有大腦的機器人——他要思考、要判斷。以「只是執行上面規定」為藉口，只有兩種可能：其一，他或許真的沒有慎思明辨的能力，其二，他或許有思考能力，但沒有勇氣去質疑這個框框或改變這個框框。不管前者或後者，這樣的人怎麼有資格教育我們的下一代？沒有思想、沒有膽識的機器人能教出什麼樣的下一代？

歸根究柢，當然要問：是誰做的框框與剪刀。除了位高權重的教育決策者還有誰？但是這些部長、廳長、局長也可以理直氣壯地說：我才上任幾年，這個框框是傳統移交下來的，不是我，是別人。

這個說法可以接受嗎？笑話，當然不可以。一個為國家策劃百年大計的人，上了台之後就應該細心審視這個由來已久的框框：它應不應該繼續存在？它有沒有改革的必要？它合不合乎他個人的教育理念？如果他什麼都不做，蕭規曹隨，就等於說，這個框框是他做的，是他把它交給每一個校長、訓導主任，每一個教官、管理組長，去套在學生頭上。他要負最終的責任。

那麼，究竟這個框框有什麼不好呢？這個問題比想像中要複雜得多。限於篇幅，我暫且不理論為什麼中學生頭髮非是個倒過來的西瓜皮不可，也暫且不追問為什麼不可以穿著制服吃西瓜，為什麼不可以把衣袖捲起來等等細節。這種壓制性的「管訓」教育有兩個比較嚴重的問題。第一是不合理的、僵化的形式主義。認定了凡是合於框框的（頭髮短、裙子長、書包帶子剛剛好）就等於「操行良好」。凡是不合形式的（頭髮中分、裙不及膝、穿綠色毛衣），就是「品行不好」。頭腦再簡單的人也看得出這兩個等號畫得不合理。人的品行是多麼深奧複雜的東西，哪裡是頭髮的長度能夠代表的；說起來像笑話，在中華民國的學校裡卻是件教育大事，真令人瞠目結舌！學生的內在本質似乎無關緊要，緊要的是外表、是形式：樣子對了就可以了。這種殭屍式的教育，實在可怕！

「管訓」框框的第二個問題恐怕有許多訓導人員不願意承認，是個權威的問題。這個框框是成人用來證實自己權威的工具。當一個教官在震怒之下把學生頭髮剃掉或罰跪罰站或記學生過，他所憤怒的原因，大概不會是因為他覺得學生髮型太難看，而是因為學生沒有尊重「校規」、服從師長命令，越過了那個明令頒布的框框。頭髮長只是表面上的因素，潛在的因素是：學生沒有服從我。校規合理與否並不重要，師長的尊嚴、權威卻不可以破。這個框框像個緊箍，緊緊地夾在學生頭上，一有越軌舉動，教官就念個咒，讓學生得點教訓，學習服從權威的重要：一切都是為了你好……

這裡我發現一個極大的矛盾。一方面，我們的教育者也的確希望造就出類拔萃的學生——我們也有科學獎、才藝獎等等。報紙特別喜歡報導中國人的孩子在美國如何如何地表現優異，什麼人得了總統獎，什麼人得了西屋科學獎，什麼人年紀輕輕就上了大學，居然都是台灣過去的小留學生。我們的教育者與父母羨慕之餘，不免心裡有點狐疑：同樣的種，為什麼一移植就大放異彩？是我們的教育土壤有問題嗎？

問題可多了，這高壓性管訓教育就是問題之一。教育者一方面希望學生在學問上精益求精，也逐漸領會到啟發式教育的重要。許多老師也開始鼓勵學生活潑地思考、大膽地創新、勇敢地質疑。可是同時，在行為方面，管訓導的人卻仍舊努力地把學生壓制在框框裡，處心積慮地要把他訓練成一個中規中矩、言聽計從、溫馴畏縮的「好」學生。而矛盾就在這裡：一個在知識上能夠活潑地思考、大膽地創新、勇敢地質疑的聰明學生，可不可能同時在行為上是個中規中矩、言聽計從、溫馴畏縮的所謂「好」學生？如果他敢在課堂上表示物理老師對流體力學的解釋不夠周密，他難道不會對訓導主任追問他為什麼不可以穿著制服吃西瓜？反過來說，一個老師說一他不敢說二的「乖」學生，他可能把老師的實驗推翻而自己去大膽創新嗎？

教育者所不自覺的矛盾是：他們在「智」育上希望學生像野兔一樣往前衝刺（當然也有為人師者希望學生在智育上有如烏龜）；在所謂「德」育上，卻拚命把學生往後拉扯，用框框套住，以求控制。這兩者其實不能並存。有高壓式的「德」育，就不可能有自由開放的「智」育，換句話說，我們如果一心一意要培養規矩順從聽話的「乖」學生，就不要夢想教出什麼智慧如天馬行空的優秀人才。「庸材」的「德」育之下不可能有真正的「智」育。

所以我對這個僵死的緊箍咒框框其實沒有什麼成見。我們的教育決策者如果不介意或者甚至於有意培養出一代又一代易於控制操縱的機器人，這個框框很實用、很有效，愈緊愈好。但是如果製造機器人並不是我們的長程計畫，如果我們想為這個民族栽培的其實是思考活潑、創新大膽、質疑勇敢的下一代，那麼這個掐死人的框子就非解開不可。「吻頰」事件發生之後，報紙輿論固然批評學校過分保守，卻稱讚教育部「不干涉」的態度，我很不能理解：這樣反人性、反理性、反自然的虛偽教育，怎麼能夠「不干涉」？難道我們的教育決策者在鼓勵這個高壓管訓的框框的拴緊？我們到底要一個什麼樣的未來？

台灣的父母，你又要你的子女受什麼樣的教育呢，小小年紀就送到國外去也實在不是辦法；還是在這個又髒又亂又擠的台灣「知其不可而為之」吧！制度是可以改變的，但是沒有人的爭取與努力，當然就是夢想！

一九八五年六月二十六日《中國時報》

1 髮禁：一九六〇至一九八〇年代校園髮禁，女生不能剪劉海，髮長須在耳下一公分；男生理小平頭，髮長三公分為度。制服穿著、書包背帶長度等亦有嚴格規定，每週由訓導人員或教官進行全校服裝儀容檢查。一九八七年起放寬檢查標準，二〇〇五年教育部宣布解除髮禁。

我的過去在哪裡？

不，作夢也沒有想到，十五年後，我會親自去為保存台北的古蹟而作戰。我上法庭控告古蹟的破壞者，我讓警察二十四小時守護可能遭破壞的古蹟，我把被縱火成灰的古蹟一磚一石重建起來。別人說我「凶悍」，現在回首「野火」，不禁啞然失笑，原來啊，那個未來的軌跡早就在這裡畫下。

大有為的台電要在立霧溪建水壩，很多人反對。桃園神社[1]差點被拆了，報紙輿論喧騰了一陣。高雄市的古牆被怪手毀了一段[2]，社會上議論紛紛。這兩年來，保護自然、維護古蹟似乎成為最新的流行：前年人人穿洞洞裝，去年個個穿牛仔裙，今年大家都來談「文明」。而台灣為什麼要維護古蹟呢？報紙說，是為了保持「國際形象」，不能讓西方人覺得中國人沒有文化。你看，中國大陸派駐北極的所謂「科學家」（其實據說是些沒有什麼教育水準的軍人）居然把胖嘟嘟的企鵝煮了下酒，引起鄰近西德探測家的公憤，西方雜誌引為笑談。台灣自稱是中華文化重鎮，怎麼可以不努力製造一個文明的「國際形象」？

動不動就搬出「國際形象」來作為自我督促的標準，洩漏了台灣目前一種缺乏自信的心態：我這樣做，別人（西方人）會怎麼想？於是一面揣測西方國家的思考模式，一面小心翼翼地決定自己該怎麼做。西方講究人權，所以我們處理政治案件要特別慎重；西方人愛護野生動物，所以我們要節制吃老虎鯨魚的欲望；西方人珍惜古蹟，所以我們也得有一兩樣，不能太落後。一切一切的努力，都為了一個大目的：避免別人輕視我們，在國際舞台上不丟人現眼。

這種心態有時候還真有點好處。譬如說，有國際的矚目，我們的司法單位與情治機構在政治人物的處理上就格外求公正合法，使國民人權獲得保障，這是意外的收穫。可是如果我們有自剖的勇氣，我們就不得不承認這種向國際求好的心態其實可悲可嘆：講人權難道不是為了我們自己言論、思想的自由？生態保護難道不是為了我們自己的子孫幸福？維護古蹟難道不是為了我們自己文化上的需求？在「國際形象」的大旗下，好像人權、自然、古蹟等等都只是西方人的標準，而我們只是應付應付，做出一副「文明」的樣子來對國際做一種交代。

台灣的英文報紙曾經刊出一封在台外籍人士的讀者投書，呼籲我們趕緊保護自然、維護僅存的古蹟。這封信馬上就得到一個中國讀者的反應，他說，西方人要台灣保持自然與古蹟是別有用心的，他們自己工業發達，現在要落後地區「存真」，其實在防止我們邁入開發國家之林，所以我們不要上當。所謂自然與古蹟都是西方人的口味，台灣需要的是開發！開發！開發！

＊

讓我們暫且只說古蹟。古蹟真的只是西方人的需求嗎？我們自己究竟有沒有需要？如果沒有，就是為了「國際形象」這個外殼，它值得我們努力嗎？你去街頭問問那個賣青草茶的老頭：桃園神社跟他有什麼關係？或者去問樹下那個正在嚼檳榔的少年郎：高雄古牆拆了怎麼樣？或者，停下片刻，誠實地問問自己：多一棟、少一棟所謂古蹟，究竟與我何干？

賣茶的老頭大概會說：「嗯宰樣啦！」嚼檳榔的少年大概會坦率地說：沒關係啦！而受過教育、思想複雜的你，沉吟片刻，大概會說些「國際形象」、「文化遺產」、「慎終追遠」等等有學問的話來。

可是「國際形象」、「文化遺產」、「慎終追遠」又怎麼樣？你刷牙時要「國際形象」嗎？上廁所時帶著「文化遺產」？摩托車在烈陽下拋錨時你「慎終追遠」嗎？如果把這些冠冕堂皇其實空洞而模糊的字眼除掉，我們究竟有沒有什麼迫切的、真實的理由要保護古蹟？

*

阿弗瑞是個德國人，今年八十歲。他帶我去看他的故鄉小鎮。

「這棟房子三樓第二個窗，是我出生的房間。」他指著那棟紅瓦白牆的建築；「我的母親也在同一個房間出生。」沿著窄窄的石板路就來到古修道院的門牆，厚厚一層青苔柔軟地覆在顏色斑駁的石牆上，嫩嫩的青草從牆縫裡長出來。

「牆裡頭埋著一個十二世紀的詩人，以歌頌花鳥出名，還是咱們本家呢！」

阿弗瑞要我走到轉角，摸摸看第二排石塊是否有個小小的凹孔。

「大概三、四歲的時候，父親每天清晨牽著我的手沿著石板路到修道院散步。每次到這個轉角，他就會蹲下來對我說：那邊第二排石塊有個小小的凹孔，摸摸看裡面有什麼？我興匆匆地跑去伸手一摸，凹洞裡真有一顆花生米或巧克力糖，又是驚奇又是快樂。一直到五、六歲了，才突然開竅，大概不是聖誕老人偷偷放的……我的孫子卻還以為花生是洞裡長出來的——」

我伸手摸摸，青苔有點濕潤，那個凹孔依舊在，淺淺的一點。這個駝著背、拄著拐杖的老人正瞇著眼睛懷想他的父親。石板路再轉個彎，就到了他家的墓園；石碑上刻著他父親、母親的名字，空白的石碑留給阿弗瑞自己；幾叢玫瑰隨著風搖盪，飄著若有若無的香氣。

*

我也曾經回到我生長的小鎮上，可是找不到一條走過的路、住過的庭院、爬過的老牆、認識的墳墓，更看不到一叢似曾相識的玫瑰。可是你說，懷舊也只是流行病，沒有「過去」又怎麼樣？沒有過去，就沒有情感的羈絆。你為什麼把情人給你的野菊花小心地夾在書頁裡？二十年後的某一天，在枯乾的花瓣不經心地掉下來的那一刻，你對人生與愛情會沒有特別的感悟嗎？枯乾的花瓣就是古蹟。沒有過去，我們就無從體認現在，創造未來。賣青草茶的老頭的子孫如果有機會撫摸先人賣茶的木製推車，與青草茶的「過去」比較，他才能了解屬於他的「現在」有什麼樣的意義，也才能決定他所追求的是怎麼樣的一種未來。盛青草茶的陶甕與木車就是古蹟。

我嫉妒八十歲的阿弗瑞，因為我也希望能牽著幼兒的手，走下一條青青石板路，告訴他第三根廟柱的雕龍嘴裡有一顆陳皮梅。我也渴望能站在斑駁的墳頭看鮮紅的玫瑰花怒長，癡迷地回想當年的母親如何牽著我的手走下一條青青石板路。沒有過去，現在就沒有意義，未來就沒有方向。古蹟，對我而言，不是一個模糊的概念、流行的裝飾；古蹟，是我切身的、不可置疑的需要。

*

蘇南成市長拿怪手把高雄的古牆給毀了。他說，如果處處保存古蹟，我們豈不是走著碰著的都是古人東西！這是閉眼說瞎話。台灣幾十年來所做的是恨不得把整個土地翻過一次，消滅過去所有的痕跡，古蹟根本難得，蘇市長居然擔心太多。至於說，這麼長的城牆，只去了一點點，不值得大驚小怪——這是無知。因為你用這個理由切掉這一寸，下一任市長可以用另一個理由切掉那一寸；一堵牆能禁得起幾次的切割？蘇市長又說，毀牆沒錯，錯在執行小組技巧不當。這樣說，就是市長無能，督導不當，也不是什麼可以原諒的藉口。更重要的是：蘇市長罔顧法律，因為那堵牆已是內政部選定的「古物」。

蘇市長過去的政績告訴我們他是一個敢做敢當、不怕惡勢力的公僕。在我們台灣地區，這樣的人才實在太難得，我們一定要特別珍惜。可是珍惜並不表示我們就該姑息他的錯誤。在這次古牆事件中蘇市長所表露的無知無能，就應該受到指責與糾正。內政部說要「淡化」處理，是是非不明、不負責任的態度，蘇市長以他直率的一向作風，更應該承認錯誤，從錯誤中學習教訓。

*

古蹟，不是西方人的專利，不是文明的裝飾，更不是爭取國際形象的手段。古蹟，是一面鏡子，一個指標，把我們的過去、現在，與未來聯繫起來；沒有古蹟——沒有書頁裡的花瓣、青草茶的陶甕、桃園的神社、高雄的古牆，我們便只是一群無知妄大的盲人。

可是，為什麼一個中國人需要寫這樣的文章呢？歷史悠久的中國人？

一九八五年八月六日《中國時報》

1 桃園神社位於桃園市春日山，建於一九三八年（昭和十三年），為純木造建築，一九五〇年桃園縣設治後改名桃園縣忠烈祠。一九八五年，縣府擬拆除改建，引發爭議，最後縣議會否決拆除案。一九八七年整修完成，一九九四年指定為第三級古蹟，二〇〇六年重新公告為桃園縣定古蹟。

2 左營舊城位於高雄市境內，始建於清康熙六十一年（一七二二年），原為土城，道光六年（一八二六年）改建為石城，是台灣第一座石造城牆。一九八五年七月，高雄市長蘇南成以舊城牆角嚴重影響交通為由，下令拆北門東側城牆十九．五公尺，挪後十公尺重建。

以「沉默」為恥

——為高雄市民喝采

幾流的人民就有幾流的政府，就有幾流的社會、幾流的環境，這話一點也不錯。環境髒亂惡劣，就表示這國的人民沒有能力創造美好的社會。

這一齣戲精采極了！台上有三個主角：一是剛剛上任的大頭市長，一是熱中連任的市議員，再就是「生氣」了的高雄市民。

蘇南成當然知道他為什麼派任為高雄市長：他有魄力、有勇氣對準了膿包下刀。在台灣追求高等生活品質的過程中，環境汙染是最臭的膿包，所以他要大刀闊斧地去整治。高雄的市議員團體卻有不同的算盤。選舉日迫近，選票最重要。攤販是不是社會膿包根本無所謂；一個攤販就是一張選票，非保護不可。大頭市長又是個外來客，這個時候不欺負他，更待何時？

報紙上描述議員如何團結起來攻擊市長罔顧商販「民生」，來旁聽的攤販集團如何鼓譟叫好，市長如何抱歉——軟弱的抱歉，他唯一的支柱是：整理環境是中央的政策，他只是在執行「上面」的政策而已！

作為觀眾的我，在台下憂心忡忡：壞人的聲音這麼大，沉默的大多數要沉默到什麼時候？這片面的「民主」繼續演下去有什麼意思？

然而，「匡啷」一聲，高雄市民也跳上台了。寫信的寫信，打電話的打電話，明明白白地昭告世人這齣戲裡究竟誰扮演主人：我們市民要乾淨的環境，我們市民要安靜的社區；大頭市長所執行的不是「上面」的命令，而是「下面」——就是我小市民——的意願。你別忘了你今天在台上有個角色演只是因為我讓你上去演！別忘了誰是老闆！

真是大快人心的一場戲。我為每一個寫過信、打過電話、表過意的高雄市民喝采。常有人說：台灣不能實施真正的民主，因為台灣的人民還沒有那個水準。這次高雄市民的表現可以作為對這種說法的反證。我們的國民顯然漸漸了解到「沉默的大多數」其實是一種罪惡。排隊買票時，真正可恨的並不是那一、兩個插隊的人，因為他們是少數；真正可恨的是那一長排、幾十個耐心排隊的人眼睜睜看著少數人破壞秩序而不說一句話！沒有勇氣說，沒有正義感！而走出車站時還要抱怨：沒有用哪！亂糟糟，沒有用哪！

中國人到歐洲旅遊，常常讚嘆歐洲環境的幽雅清淨，歆羨之餘，卻不曾想到，美好的環境並不是從天上掉下來的，而是經由每一個國民的努力爭取來的。一個德國市民走在街上看見一個坑，他會生氣市政府保養工夫沒做好，會打電話去要求立即改善。具有這種態度他必須先有兩個基本觀念：第一，他是主人。城市的美好要靠他的督促來維持，政府受雇於他，就有義務把事情做好。第二，他不能「沉默」，他沉默，就不可能有任何進步。

幾流的人民就有幾流的政府，就有幾流的社會、幾流的環境，這話一點也不錯。環境髒亂惡劣，就表示這國的人民沒有能力創造美好的社會。我們是幾流的國民呢？高雄市民拒絕做「沉默的大多數」是個令人歡欣鼓舞的指標。不，沉默不是美德，是恥辱。

一九八五年八月二十五日《中國時報》

啊！紅色！

這還是個恐怖的年代，而且不知道它何時會結束；你常聽見人們耳語，說哪個播音員在播報時咬錯了一個什麼字，或者放錯了一段音樂，引起「紅色聯想」，所以人就消失了。

「美術館長是個藝術工作者，還是政戰官？」一句話，引來「一群政戰官」在《青年日報》上投書，強烈批判龍應台「侮辱政戰官」，「對國家的認識」有問題。

這樣性質的批判語言，使朋友們緊張起來。開始勸我「小心」。不久，政戰部就來訊息了，要約我「吃飯」。

「野火」出書之後，接到現職的政戰官來信，告訴我他收到指令，《野火集》在軍隊裡明令禁止，可是在收到禁令前一天，他還在和弟兄們討論「野火」文章，所以現在不知如何是好。

美術館長是個藝術工作者，還是政戰官？

如果新聞報導沒有偏差的話，那麼事情是這樣的：李再鈐[1]的雕塑作品在市立美術館展出，有人投書認為作品漆成紅色有點像中共的紅星；蘇瑞屏館長從善如流，立即把該作品花了八千元改塗成銀色，招致雕塑家本身的抗議。這是一件小事嗎？我認為非常嚴重，因為「小事」暴露出兩個文明社會所不能容許的心態：第一是對藝術的極端蔑視，第二是極權制度中才有的政治掛帥。

不久前我收到一份《中國天主教文化協會會訊》，發覺其中轉載了《野火集》中一篇文章〈正眼看西方〉。文章是我的，名字也確實是我，但是內容中突然出現一段奇怪的話：「基督宗教——天主教、基督教的信奉，因為先在西方，而我們就認為是洋教，不宜信奉，其實，天主子耶穌基督，人類的救世主，原來降生在中東……」這段話不露痕跡地混進了我的文章，卻不是我寫的！但是任何讀者都看不出來這段文字不屬於原文。

這份天主教刊物不曾在事先與報社或作者取得轉載許可，就逕行刊登別人的文章，這是對別人智慧財產的一種掠取行為。而塗改作品、穿鑿附會以達到利於自己的目的，這對於讀者是欺騙，對於作者是栽贓。如果一個宗教團體可以塗改我的文章，那麼一個有政治野心的團體也可以在我的文字中插進它的宣傳用語——身為作者的人，要如何向世界澄清他到底寫了些什麼？文字的後果又由誰來負擔？

我相信天主教協會塗改我的文章並沒有惡意，但這樣的行為所透露的，是對創作者極端的蔑視。作為一個寫作的人，我要為所寫的每一個字負責；每一篇文章都是我全心全意的努力與我所有智慧的集合。恣意地塗改作品是罪行，也是侮辱。李再鈐的作品如果是紅色的，那麼他一定有他最真切的理由；只有那一個顏色能真實地表達出他創作的意義，換了顏色，那個雕塑品就不再是他的作品。蘇瑞屏擅自塗改了一位藝術家的創作，就好像天主教協會私自改了我的文章一樣，那篇面目已非的文章不再是我的作品，紅色變銀色的雕塑品也不再是李再鈐的心血。這個行為叫作欺騙，叫作盜竊。天主教協會這樣做，我覺得只是欠考慮的結果，或許可以原諒；一個國家首都的美術館館長做出這樣的事來，卻實在令人難以置信！

更令人憂慮的是，這個塗色「小事」很明白地顯示出來，台灣的藝術仍舊籠罩在若有若無的政治陰影裡。首先，我們有這麼一個人逛到美術館去，他看的不是藝術品本身，相反的，他看到這麼一件紅色的作品，馬上興起政治的恐懼，（害怕雕塑家是匪諜？害怕紅色對觀看人有洗腦作用？害怕共產黨為這個作品拍照做宣傳？）而給美術館寫這封疑神疑鬼的信。

其次，我們又偏有這麼一位不用大腦的美術館長。她塗改作品的動機大致上只有兩個可能：第一，她也同樣有這位投書人的恐懼；因而同意紅色有政治危機，所以改色。第二，她並不同意投書人的說法，但為了避免「有關單位」可能會有的敏感，為了自己是「官」的身分，以為塗改顏色是最保險、最省麻煩的辦法。

而最後，還有雕塑家本身。在他的抗議中，他說，只有一個人投書，怎麼能算！意思就是說，如果有兩個人或一百個人投書認為紅色有「匪意」，那麼塗改顏色的行為就不算錯。

這個塗色事件由三個人共同演出：市民、文化官吏，與藝術家。三個人中，沒有一個覺得政治干涉藝術有什麼根本上的不對。這是怎麼回事？投書的市民患有恐懼症，我們可以說，他只是不懂得藝術獨立的重要，可以諒解。那麼蘇瑞屏呢？她有沒有受過任何藝術訓練？她了不了解作為一個美術館長有什麼樣的責任？她是政戰官，還是藝術工作者？至於作品受到塗改的李再鈐，難道他真的認為，多幾封投書，政治就有理由控制藝術嗎？

這真像個指鹿為馬的社會。

一九八五年八月二十九日《中國時報》

1 李再鈐：一九二八年生於福建，台灣藝術家。一九七五年與楊英風、朱銘、丘煥堂、郭清治、陳庭詩等雕塑家，組成「五行雕塑小集」。一九八三年運用現代媒材，創作〈低限的無限〉作品，參展台北市立美術館開館展，三角形塊面的組合，在某個角度看來類似星形，因而遭到誤解，原作紅色被擅改為銀色，引發政治與藝術分界的論戰。

不會「鬧事」的一代

——給大學生

用「鬧事」二字，把國民黨因學潮而丟了大陸政權的恐慌記憶都勾回來了，編輯和我商量，用這兩個字，很可能會真的「出事」，會「爆」掉，那麼繼續寫，繼續發揮影響的空間就會失去。

我捨不得放掉這兩個字，因為，它很關鍵。

我們決定冒險。

過了不久，教育部來電話：「龍教授介不介意和部長見個面聊聊？」

今年五月二十七日的《紐約客》雜誌有這樣一篇文章：

我的母親生在柏林，僥倖逃過猶太人的大屠殺。今年母親節，我請她去看場電影。這部影片非常賣座，故事好像與非洲的黑人有關。排隊買票的行列很長。有一個年輕白人在行列間來往發散傳單，勸大家不要買票，因為這部片子是南非製作的。排隊的人大概都和我想的一樣：「看不看由我自己決定，不用你來告訴我。」所以沒人理他。

入場之後，燈黑了電影正要開始，前座的兩個年輕女孩突然站起來面對觀眾，大聲地演講，解釋這部影片如何地蔑視南非黑人的慘境，希望大家抵制。觀眾中噓聲四起，有人不耐煩地大叫：「這裡是美國，你要抗議到外面去！」也有生氣的聲音喊著：「我們付了五塊錢電影票，讓我們自己決定愛看不看！」偶爾有個微弱的聲音說：「聽聽她們說什麼也好！」但是群眾的喊聲愈來愈大：「出去！出去！出去！」

坐在我身邊的母親顯得很難過，她轉身對我說：「這兩個年輕女孩竟然願意花十塊錢買票進入一個人人喊打的地方來——或許她們真有點道理也說不定。」

在大家的鼓掌聲中，戲院的工作人員很粗暴地把那兩個女生架走了。燈又黑下來，但是沒幾分鐘，一個年輕人，帶著濃厚的英國腔，站起來說：「這是一部充滿種族歧視的影片——」憤怒的觀眾打斷了他的話，有人在叫警察，但這個青年毫無懼色，繼續大聲說：「你們不讓我把話說完，我是不會走的！」群眾喊著：「滾蛋！滾蛋！」好不容易，來了兩個警察，笑容滿面地把那傢伙給請了出去。

觀眾情緒還沒有完全穩定下來，一個二十來歲、一臉鬍子的小夥子在後排突然站了起來，說：「不不，我跟他們不是一道的；我跟你們一樣買了票純粹來看戲的。我只是想到，或許對於這樣一個影響千萬人一生的問題，我們應該有個堅定的道德立場，而不只是追求消遣而已。如果五十年前的人也像剛剛這幾個人這樣對被迫害的猶太人執著的話，我的祖父也許可以活到今天，不至於死在德國的煤氣房裡。」然後我就聽到一個非常熟悉沙啞的聲音突然響起：「他說的一點也沒錯；你可別想叫我閉嘴！」我發覺我六十四歲的老母親站了起來，面對著整個戲院；她全身在顫抖。

*

這一則不起眼的小故事可以招引出許多值得爭議的問題來。譬如說，這幾個為道德感所驅使的年輕人有沒有權利阻止別人看這部「種族歧視」的電影？如果我也在戲院裡，我會是憤怒的群眾之一，叫他們「滾蛋」的主要原因是，他們沒有權利主宰我的思想——這個電影究竟如何要由我自己看過了再做決定。其次，如果這一撮以「道德感」為理由的小團體能打斷我的電影，那麼，一個宗教團體、政治黨派、商業集團等等，都可以肆意地來強迫推銷它的理想，那個人還有什麼自由自主可言？

南非的是非善惡也是個棘手的問題。它的種族隔離政策[1]現在是千夫所指，萬人唾棄。南非的白人簡直是二十世紀的汙點。事情的另外一面卻是：南非若由黑人自決自主，恐怕歧視與屠殺會比現況更為劇烈——看看烏干達！看看整個非洲大陸！

但是《紐約客》這篇短文令我沉思許久的，卻是這幾個年輕抗議分子的行為。他們不算少數；哥倫比亞大學在南非有金錢的投資，哥大的學生也曾經熱烈地示威過，反對學校當局「善惡不分」的和稀泥作風。而在戲院裡「搗亂」的這些年輕人，事實上是一次一次地花五塊錢買票——對學生而言，五塊錢不是個小數目；進到戲院去讓群眾噓罵，然後一次一次地被踢出來。這些人中，當然難免會有少數是為了幼稚的英雄主義或純粹嬉鬧，但大部分的，是為了一個道德立場，擇善固執的理想。在一個人決定到戲院去「鬧事」之前，他必須先具有三個條件。第一，他關心這個世界；因為關心，所以才會去注意南非黑人的困境。第二，他能做價值判斷。對南非種族問題的報導紛紜不一，他得自己決定站在黑白哪一邊。第三，他有充分的道德勇氣，充分到促使他付諸行動的地步。於是，他走到戲院去買票；五塊錢，他很可以拿去溜冰或吃掉。

我們的年輕人呢？或者，縮小一點範圍，我們的大學生呢？有多少人具備這三個品質？

就我有限的觀察，非常、非常的少。以對社會的關心而言，我們的學生在大學的四面圍牆裡自給自足地活著，不常把頭伸出來。幾個月前，當十四位省議員集體辭職[2]時，我曾經對幾百位學生做過測驗，要他們寫下議員辭職的原因，結果正如預料，有少數給了支離破碎而模糊的答案，顯然是瀏覽報紙後的殘餘印象。百分之八十卻很率直地回答：「不知道！」

為什麼不知道？當然是因為缺乏興趣，不關心。坊間雜誌選出來的大學校園「美女」，被人問到社會問題時，嬌滴滴地說：「好可怕喲！」吐吐舌頭。這樣「可愛」又「純潔」的大學女生為數不少，而且討人喜歡。我們的學生不僅止對台灣本身的社會、政治問題印象模糊，對台灣以外的國際情況就更陌生了。衣索比亞的饑荒、烏干達的政變、南美的游擊戰、天主教廷對墮胎與離婚的立場、菲律賓的軍隊暴行等等，都不存在，都沒有意義。

沒有關心，自然沒有做價值判斷的需要。根本不知道南非有嚴重的種族問題，當然就不必去思索誰是誰非，因為無從思索起。沒有關心，也就無所謂道德勇氣和道德行動。非洲的幼兒可以死光，南美的軍隊可以強暴婦女，因為事不關己。海山的煤礦[3]可以一崩再崩，桃園的古蹟可以拆了又拆，內湖的垃圾山[4]可以燒了再燒，事不關己。大學四年之中，只有兩件值得關心的事：一是把朋友交好，以後有結婚的對象；一是把功課讀好，將來有滿意的出路。對社會的關心，對是非的判斷能力，擇善固執的勇氣，都不在大學的圍牆以內。

換句話說，我們的年輕人天真、單純、聽話；他們絕對不會到戲院裡去「鬧事」。

*

為什麼大學生的關心面那樣狹窄？主要原因之一是，他的環境不鼓勵，甚至於試圖阻礙，他對書本以外的興趣。大概很少有父母沒說過這句話：「你只要把書讀好，其他什麼都不要管！」大學以前這樣說，為了應付聯考。進了大學之後這樣說，為了應付留考、托福、高考、研究所入學考等。「只要把書讀好，其他什麼都不要管！」這個金玉良言是應現代科舉制度而產生的。讀書的目的在求技能，用來敲開一層一層考試的門。研讀哲學、歷史、文學、經濟等等，都不是為了增加人生的智慧與了解，而是為了取得謀生的技術。因為這種技術與人生無關，所以可以「什麼都不要管」。

可是這個金玉良言實在是禁不起考驗的。在「其他什麼都不要管」的前提下，書，根本就不可能讀得好。譬如讀經濟，一個學生可以用課本裡的各種定義與學理來解釋「通貨膨脹」，可是要他分析為什麼公務員的薪水要加百分之八他卻目瞪口呆，我們能說他書讀好了嗎？譬如讀文學，他可以熟讀歐威爾[5]《一九八四》，洋洋灑灑地寫篇論文討論制度與個人的關係，但是要他對江南案[6]提出看法，他卻一片空白，我們能說他把書讀通了嗎？

這個大千世界可以說是各個學科的實驗室。學生在黑字白紙之間所學到的理論與例證，都還是抽象模糊的，只有在把知識帶到人生的實驗室裡去觀照驗證之後，知識才能落實。要我們的學生封閉在大學的圍牆裡「其他什麼都不要管」，等於是把學問與人生割離，也等於要學游泳的人在岸上靠圖解學游泳，卻不沾水，或學解剖的人在暗室裡看幻燈片學解剖，卻不動刀子。

*

我們的學生不會「鬧事」，因為「鬧事」的人要先有自己的主張——不是報紙社論，不是老師的看法、同學的意見，而是自己的主張。對我們單純、天真的學生而言，獨立做價值判斷卻是件非常困難的事。為什麼？

高三那年，開始上三民主義。有個沉悶的下午，我在課本中看到一句話：「三民主義是最適合中國人的主義。」

就這麼一句斬釘截鐵的結論。我以為自己漏掉了編者解釋引證的部分，把課本前前後後翻過，卻找不到任何闡釋。十七歲的我坐在書前，感覺到深深的挫折：要達到這樣一個結論，課本編者應該一步一步來，先解釋中國人是怎麼樣的一個民族，然後說明其他主義如何的不適用於中國社會，最後才能邏輯地演繹出「三民主義是最適合中國人的主義」這個結論。可是編者顯然覺得這些辯證的過程毫無必要。

第二天，在課堂上我請求老師解釋「為什麼」。

老師很驚訝地望了我一眼，好脾氣地一笑，回答：「課本這麼寫，你背起來就是。聯考不會問你為什麼。」

在我早期的求知過程中，這個小小的經驗是個很大的挫折。基本上，課本編者與授課老師並不認為學生有自己做判斷、下結論的能力，所以才會有這種「你別問為什麼，記住我的答案就行」的態度。他們因此所剝奪於我的，是我求知的權利與獨立判斷的能力。

現在的教育方式和過去沒有太大的改變，我們的教育者仍舊習慣於供給「結論」，仍舊不習慣供給學生「方法」，讓他們自己去找結論。最能夠反映這種現象的莫過於作文題目了。多少年來，任何考試中，學生面對的總是什麼「學問為濟世之本」、「忠勇為愛國之本」、「一分耕耘，一分收穫」、「滿招損，謙受益」之類的金玉良言。所謂金玉良言，說穿了，也就是死了的人交代下來的「結論」。出這種約定俗成的題目可以塑造學生的思想，使他更緊密地成為傳統的一分子，有它教育的意義。但是這種思想傳遞根本上就不容許獨創，不容許學生下自己的結論。如果教育者真正的興趣不在於學生對傳統的妥協與認同，而在於他獨立判斷的能力，那麼同樣的題目就應該以疑問的方式出現：「一分耕耘確能導致一分收穫嗎？」「你是否同意學問為濟世之本？」或者以挑戰的方式：「試辯論『忠勇為愛國之本』一說」。

只有這樣不給「既定結論」的思想訓練，才能真正刺激學生睜著自己的眼睛去觀察身邊紛擾複雜的世界，用自己的頭腦去理出頭緒來。當我們的教育者習慣性地把做好的結論拋下，學生也就懶惰地把結論照章收下；他不需要辛辛苦苦地去思索、摸索。

*

在我們的環境裡，一個能關心、能判斷的學生，卻也不太可能有任何道德行動。一般教育者對學生行動採取壓抑與抵制的態度，目的在求校園的穩定。

有一個專科學生被同學指控偷竊，教官在原告的帶領之下，也確實在該生書包中找到贓物，但是在沒有聽過被告辯解之前，就勒令這名學生退學。幾個大膽的同學出來主持正義，要求學校給被告一個自我辯護的機會。

事情結果如何不論，學校當局對這些挺身而出的學生卻有個斬釘截鐵的態度：「去讀你的書，不要多管閒事。誰鬧事，誰就記過。」

奇怪，為什麼我們的公民倫理課一再地教導學生要見義勇為，要當仁不讓，要擇善固執，學生一旦實踐了這些美麗的道德理想，我們卻恐慌地去壓制他？學生對學校措施有所不滿而投書、開會、抗議的時候，不正是最好的公民教育機會，幫助學生學習如何去理性地、公平而民主地解決問題，為什麼我們反而以記過處分作為鎮壓的手段？為了表面的安靜穩定而扼殺年輕人的正義感，代價是否太高了一點？

敢於表達意見、敢於行動的學生在一次兩次的申誡記過之後，當然也學會了保護自己；他發覺，這個社會根本不希望他有道德勇氣或正義感。

*

我們的大學生是不會「鬧事」的一群。在考試、舞會、郊遊的世界中，沒有什麼值得「鬧事」的題材。在是非善惡都已經由父母師長孔子孟子下了結論的世界中，沒有什麼難題值得重新省思、費心判斷。在明哲保身、少做少錯的環境中，更沒有什麼「鬧事」的餘地。我們的大學生天真、單純、安分、聽話。

可是，如果「鬧事」也可以解釋為「以行動來改變現狀」的話，我們這不會鬧事的一代就值得令人憂慮了。四年一過，他就成為社會中堅——一個不懂得關心社會、不會判別是非，不敢行動的社會中堅！公車應不應漲價？不清楚。路邊水管爆破了，不是我的事。公營機構虧了多少納稅人的錢？不知道。核電廠會不會遺害萬年？不知道。上司舞弊應不應告發？不知道。台灣往哪裡去？不知道，不知道，不知道……

一個滿足現狀的民族不可能進步，但是要對現狀不滿，一個人必須先有所關心，用心觀察，觀察之後做判斷，判斷之後付諸行動。關心可以是感性的，只是對於生於斯長於斯的土地的一份愛，但是空有感情無濟於事，它必須有冷靜的理性的支持——判斷與行動需要堅強的理性。

台灣的現狀不能令人滿意，但是已經有許多人在關心、判斷之後開始了行動。最好的例子是消費者基金會的推動者，他們已經「鬧」了不少事。台灣需要鬧的事情還很多很多。以婦女問題來說，我們現有的婦女組織還停留在獻花、慰問、穿漂亮的衣服開慈善晚會與孤兒擁抱的階段。在同樣的社會版裡，我們讀到七歲的男孩被母親活活燙死、十歲的女孩被賣到妓女戶、十三歲的女兒被養父強暴而懷孕、三十歲的妻子被丈夫打斷肋骨——我們天真可愛的校園美女覺得將來沒事可關心、可「鬧」嗎？

又是一個學期的開始，讓我們想想從哪裡做起吧！

一九八五年九月三日《中國時報》

1 一六五二年荷蘭人移民在開普敦建立南非第一個白人屯墾區，人稱「阿非利堅人」（Afrikaner）。一八九九年英國為爭奪利益與阿非利堅人開戰，引爆了波爾戰爭，一九一〇年成立南非聯邦，隸屬於大英國協。南非黑人為了反抗白人的少數統治，要求廢除種族隔離制度，衝突事件不斷發生。一九九一年，種族隔離政策正式廢除。

2 一九七七年台灣第六屆省議會開幕，黨外勢力在省議會中的實力大增，開始挑戰國民黨的權威。一九八五年五月，十四名省議員為推動省長民選及省政府組織合法化集體辭職，表達對國民黨黨團的抗議。地方自治法制化的問題也浮上檯面。

3 一九八四年台灣發生多起重大礦災，共造成二百八十九人死亡；其中台灣北部的三次嚴重災變共造成至少二百七十人死亡。一九八四年六月二十日，台北縣土城市的海山煤礦發生災變，共有七十四人死亡。七月十日，台北縣瑞芳鎮煤山煤礦也發生了一百零三人死亡，二十二人輕重傷的災變，是台灣礦業史上最大的災變。十二月五日，台北縣三峽鎮的海山一坑發生災變，共九十三人死亡。

4 內湖垃圾山所在地早年是台北縣、市交界，地勢低窪，一九七〇年市政府與地主協商堆填垃圾，原計畫使用四年即填平返還，後來因市民反對在區內新設垃圾掩埋場，內湖垃圾場的垃圾量持續增加，變成全台最大垃圾山，長約一千公尺，高五十四公尺。一九八五年福德坑垃圾掩埋場啟用後，內湖垃圾山關閉。

5 喬治．歐威爾：George Orwell，一九〇三—一九五〇，英國左翼作家、新聞記者和社會評論家。《動物農莊》和《一九八四》為歐威爾的傳世作品。

6 中華民國情報機構在美國涉入的政治謀殺事件。一九八四年華裔作家劉宜良（筆名「江南」）在住家附近被台灣黑道分子刺殺身亡，主使者疑為台灣的情報單位。劉宜良遺孀崔蓉芝，在美國控告中華民國政府，一九九〇年獲得賠償一百四十五萬美元和解。

自白

突然之間，我不再是教授，而是女教授；不再是作家，而是女作家；不再是博士，而是女博士，總而言之，被人發現正身之後，我就不再是個「人」，而是個「女人」。

我很遺憾我是個女的。我很遺憾別人發覺了龍應台是個女性。

在編輯、記者、讀者、作家發現我是個女性之前，我被當作一個正常的「人」看待。他們很冷靜地讀我的文章，而後寫信來。不同意的人試圖指出我所忽略的地方；厭惡我的人用最惡毒的語言攻擊我；欣賞我的，更是毫不保留地把傾慕的話寫下寄來。

我的反應也是一貫的冷靜；覺得我用的邏輯不周全嗎？好，讓我再演繹一遍證明給你看。資料引用有誤，對不起，我道歉並且更正。惡毒的人身攻擊？我不屑於理會。至於讚美和傾慕，讓我清心思索一下自己畢竟值得幾分；這個世界大得很。

不幸的事情終於發生了。有人發覺這個陽剛的名字後面居然是個女人！消息傳了出去，像野火一樣燒開。

突然之間，我不再是教授，而是女教授；不再是作家，而是女作家；不再是博士，而是女博士，總而言之，被人發現正身之後，我就不再是個「人」，而是個「女人」。

本來稱我「教授」的大學生，突然改口稱「小姐」。本來恨恨想跟我打一場硬筆仗的作家，頹然擲筆長嘆：「唉！對方原來是一介婦女！」本來要罵我「刻薄」、「不愛國」、「激烈」的人，現在理所當然地改口罵「妓女」。本來想寫信來表示欣賞的人，突然猶豫起來：會不會被人誤會？

最奇妙的，莫過於訪問記者。在我還是個「人」的時候，訪問者所擬的題目往往平淡無奇：你為什麼寫「野火」？批評家必須具備什麼條件？目前教育的最大癥結在哪裡？等等等等。變成「女教授」、「女作家」、「女學者」，換句話說，「女人」之後，訪問的內容突然活潑生動起來：你結婚了嗎？先生是哪裡人？在哪裡墜入情網？

他在做什麼？他對你文章看法如何？他高不高興太太出名？陪不陪你買菜？你們有幾個毛毛？長了幾顆牙齒？還打算生幾個？用什麼避孕方式？一天換幾次尿布？誰換？你的文學批評干不干擾臥房生活？你如何一面教書、寫文章，一面照顧丈夫？你買什麼牌子的尿布？

在被「發現」以前，在我還是個教授、學人、正常「人」的時候，也有人讚美我的文章思考縝密、條理清晰。我覺得沒什麼了不起；一個思考不縝密、條理不清晰的人本來就不該選擇學術的路。頭腦清楚只是所謂「學人」的基本條件罷了，就像鴨子非有一身羽毛不可，不然怎麼能算鴨子！可是，被發覺是個女人之後，連這個基本條件都在一夕之間變成稀奇的東西，惹來許多問題：

作為一個女人，你怎麼會寫出理性的文章？你有沒有感性的一面？

你究竟為什麼會有那樣清晰的思路？你是不是個女強人？你是不是為了向世界證明女人也能理性思考，所以才寫這麼強勁陽剛的文章？

你的家庭是怎麼教育你的，你會變成這個樣子？父母兄弟、街坊鄰居看得慣你嗎？你的丈夫能忍受你嗎？

我其實從來也不曾故意隱瞞自己的性別，只因為旅居國外多年，此地幾乎沒有人認識我。而「龍應台」三個字又十分的男性化；小時候，為了名字，還發展出一點恨父情結，怨他沒給我取一個比較秀氣的名字，譬如龍咪咪、龍美麗或龍可愛之類。但是父親後來解釋，他當初只有兩個方案，一個是龍應台，另一個就叫「龍三條」，因為我排行第三。兩相比較之下，我反而心生感謝，還好沒叫「三條」。那麼，別人是怎麼發覺龍應台是女的呢？事情是這樣的，有一天中午，電話鈴響……

「請問龍教授在不在？」一個很雄壯的男人聲音。

「我就是，您哪一位？」

「嗄嗄！」對方突然斷了聲音，我的耳朵陷在電話線的真空裡。等了半晌，正想掛斷，他又說話了，結結巴巴的：

「你你你，你是個——」

我很同情他的受驚，趕忙把聲音放得更輕柔一點：

「對不起，是啊！很抱歉哪！」

他長長地噓了口氣，又沉吟了半天，猶疑地說：「我是大文人出版社的負責人——怎麼電話裡傳來香味？」

我趕忙解釋：「廚房裡正在煎豬腦……」

「哦！是這樣的，龍——龍小姐，我打電話來是想徵求您的同意，將您一篇大作編入我們今年的最佳散文選，不過，現在既然知道您是，是個女的，我就想把那篇大作收在敝社下個月要出版的『我見猶憐——女作家心心相印散文集』，不知您是否同意？」

「讓我考慮一下好嗎？」

「好，那我就不打擾了。抱歉妨礙了您煎豬腦——」

「啊！沒關係！」我打斷他，「是我先生在煎豬腦，我剛剛在修理馬桶……」

「嗄——」他又半天沒聲音，最後才找出話來：「再見，龍小姐。」

第二天，龍應台是個女的消息就上了花邊新聞，也開始了我這令人同情的遭遇。《龍應台評小說》出版了，記者來電話；是個嬌滴滴的女聲：

「龍小姐，這本書非常的知性，可是才一個月就印了四刷；能不能說說您對這本書的期許？」

「這書只是一個粗磚，我拋出去希望引出文學批評的風氣來，使嚴格公平的批評——」

「您覺得一個女人寫這樣的東西合適嗎？」

「呃——」

「我的意思是說，」她緊接下去，「這樣硬的東西平常都由男性來寫，您寫來覺不覺得奇怪？有沒有壓力？」

「呃——壓力很大，因為有些作家不能忍受負面的批評——」

「對，您先生能不能忍受您的作品風格？」

「呃——我不知道我的先生和我的作品有什麼關聯——容忍與開放是一個評者必備的態度，他不能以一己的道德意識加諸作品；他不能感情用事——」

「對對對，我很同意；你們夫妻感情如何？」

「感情用事就不能直言針砭，我們需要的是說實話的勇氣——」

「您覺得異國婚姻需要特別的勇氣嗎？」

就是這樣！被發覺是「女的」之後，與人的溝通變得比較困難一點。常常這麼陰差陽錯的，牛頭馬嘴對不上。但這還算小事，比較令我傷心的倒是，被發覺是個女人之後，我不再能沾沾得意以為自己的文章好。有一天，一位作家（你瞧，我說「作家」，當然指男的，不必加個「男」字）陰惻惻地對我說：「你現在名氣大噪，知道為什麼嗎？」

我理直氣壯地回答：「當然因為我文章好——我思考縝密、條理清晰、頭腦清

——」

「得了！」他打斷我，陰惻惻地從鼻子裡哼了一聲，說：「得了！文章好！哼，只因為你是女的！女的！」

我頓時覺得心靈受傷，很難過，掙扎著反問他：「拿出證據來！」

他斜眼睨著我，從頭看到腳，陰惻惻地一笑：「怎麼，你不是女的？」

低下頭來看看自己，六個月大的肚圍，已經看不到腳趾頭了。我嘆口氣：

「是的！我是個女的！」

我很遺憾。

一九八五年九月十九日《中國時報》

歐威爾的台灣？

這一篇，寫得夠辛苦，因為，從環境汙染和公共道德一路寫來，這已經寫到核心問題了，它不得不有很多修辭的策略和論辯的布局。寫完了，傳真到報社。等著。

我已經有六個月的身孕，大口大口喝牛奶，上下樓梯走三步休息一步，像一隻喘息不止的野獸；然後接到電話：「沒有辦法，」那一頭說，「這一篇，刊出來一定死。」

這是《野火集》裡唯一一篇沒上過報的文章。

要出書時，書稿要送印刷廠了，出版人和我面對面發愁：這一篇，收不收進書裡？收進去，可能使整個書被查禁銷毀，前功盡棄；不收進去，唉，龍應台實在、實在不甘心！

夜很深了，我抬起頭，說：「收。」

今年八月五日的美國《新聞週刊》（*Newsweek*）有一篇關於台灣的報導，題目是「台灣的『思想特務』」。節譯其中兩段：

年代也對——正是一九八四年；用的詞語也很有歐威爾的味道。去年十月，台北的幾個高級人員在軍官俱樂部討論「不法言論的氾濫」。一個官員說：「文化戰鬥務必加強」，另一個說；「侮蔑元首的一定要重懲！」這些高階政府官員所計畫進行的，正是歐威爾的「思想特務」所擅長的，那就是以箝制言論來壓抑反對者的力量。

……

根據國際人權組織的統計，台灣政府的言論控制有轉緊的趨向。三年以前平均每年的個案是三十，一九八四年卻有一百八十七件取締言論事件……

要了解這篇報導的意義，我們必須先記得歐威爾在《一九八四》那本書裡所寫的「思想特務」是怎麼回事。一九八四年的倫敦，人民的思想與行為百分之百的受政府控制。滿街滿牆都貼著巨幅的領袖的照片，到處都是警告的標語：「老大哥監視著你。」「私人家裡都裝了電眼與麥克風，個人的一聲咳嗽、一個眼神，都逃不過「思想特務」的觀察。連寫日記，把個人的思想記錄下來，都有被抓去判死刑的危險。人民只能夠發表政府認可的言論。

《新聞週刊》的記者把台灣與《一九八四》相提並論會使許多人覺得過分；今日的台灣絕對不是歐威爾筆下的恐怖世界，文革時代的中國大陸倒可能有所過之。可是不管這兩位記者的比喻是否過火，他們的報導中舉證歷歷，有名有姓，而且不失公正：

一方面列出台灣政府查封雜誌的個案，一方面也解釋許多黨外刊物確實缺乏專業道德。該篇報導以一位反對人士的話做結論：「我們期望不高，但我們會奮鬥到底。」

與這篇文章並排刊出的，是關於李先念訪美[2]的消息。雷根與李說兩國之間「彼此尊重」，李提醒美國：台灣仍舊是北京與華府之間的分歧點。左頁台灣的報導上刊出警察壓制示威者的照片；照片下一行字——「台北警察與示威者衝突；歐威爾式的行動來打擊輿論自由。」右頁中共的報導上則有兩張照片顯現李先念一行在風景區微笑招呼的鏡頭。

這兩篇報導與照片並排出現對於一個英文讀者有非常強烈的暗示作用：台灣有一個高壓政權在箝制思想自由，而中國共產黨則正在往西方逐漸開放之中。對於本來就對台灣不具好感的人來說，這樣的報導更加深了他的偏見。至於原來支持台灣的朋友，就可能陷入一個困境：本來我反共親台，因為台灣是「自由中國」，我支持民主與自由；如果所謂「自由中國」其實在用「歐威爾」的手段治國，我還有什麼理由親台？難道「自由中國」只是一個幌子？

《新聞週刊》有世界性的影響力，這樣一篇報導直接的就塑造了千百萬人對台灣的印象。所以，我們該怎麼辦？最簡單的，我們可以不理不睬，假裝沒事。但這太危險了，台灣的政治處境已經夠困難，再自絕於世界輿論，等於自我流放。或者，我們也可以對《新聞週刊》提出抗議，甚至找這個記者的麻煩，採取一些報復的措施。這，不僅愚蠢而且也辦不到。對方可以理直氣壯地說：請你指出報導中有哪一件不屬事實？既是事實還有什麼「抗議」或「報復」的餘地？

第三個可能的應對辦法，是從今以後我們努力地「作秀」，保持一個開放民主的「形象」。也就是說，政府一切控制言論的作為——查禁報紙雜誌或檢查沒收書籍等等——都在暗中進行，不讓外人發現，外人也就無從報導。這個辦法，中共倒是實行過。大陸對外開放之後的幾年，中國人民禁止與外國人「交往」，一有交往，就涉了「裡通外國」的嫌疑。在教育水準這樣高的台灣，這個保密方法大概是行不通的。更何況，懂得中文、了解台灣的外國人也很多。發生在台灣的事件，譬如中壢事件[3]與美麗島事件[4]，往往在國外消息比國內還多。為民主「作秀」，是騙不了人的。

最後一個辦法，就是誠心誠意的自我檢討了。我們的言論夠不夠自由？許多人會馬上回答：啊！那比起從前好太多了；台灣一年比一年開放、進步。這我也同意；許多現在能見諸文字的言論是十年前所不敢想像的。但是，比「從前」好並不代表就「夠」了。言論「夠不夠」自由這個問題其實完全要看人民的「需求」有多少。對自由的需求高於它的現有供給，就是不夠；反之，就是夠。那麼台灣的言論自由「夠不夠」呢？

顯然不夠。如果世界人權組織的估計是正確的，那麼每一年平均政府要用各種方式取締「非法言論」三十次，今年則暴增到近兩百次。這種政府與民間的衝突原因，講白了，就是一個要說話，一個硬不准他說；也就是說，政府所限的言論尺度不令人滿意。此外，在日常生活中，更有一種莫名其妙的恐懼。我寫了幾篇批評性的文章，學生會關心地問：「老師，你不怕被送到綠島去嗎？」這是我的國家，我對受聘治國的人提出批評與建議，難道不是我的權利？我為什麼要到綠島去？而事實證明，從來也沒有任何政府機構騷擾過我，但問題的重點是：為什麼有這種恐懼？給我來信的讀者，在發表完意見之後，總是要加上這麼一句：我不能用真名，因為「曝光」會帶來災禍。甚至於十五歲的國中生也會說：請為我身分保密，洩漏了不得了。有這種恐懼，表示一個人心裡有話想說，但不敢說；說了，怕有後果。換句話說，在現有的言論尺度裡，他無法充分表達自己的意思。

那麼我們要不要言論自由？這個問題本身大概就是一個忌諱——我們對外號稱「自由中國」，當然本來就有言論自由，而且是憲法保障的；問「要不要」簡直是自打耳光。可是自打耳光總比等著讓別人來打要好得多；《新聞週刊》的報導就是一記別人打的耳光，清脆而且難堪。在承認我們沒有真正的言論自由之後，許多人又會說：自由開放是個危險的東西；咱們大陸就是這樣丟掉的。你看，有些政見發表會上，候選人黑白亂講，選民偏偏要上當。你看，多少留學生，不是一出國就變了嗎？思想言論一開放，台灣的安定穩定就要受到破壞。所以控制言論是必要的。

這種說法似是而非，其實是沒有深思的結果。選民「為什麼」受譁眾取寵的人的迷惑？留學生「為什麼」一出國就「變」？因為在一個言論受到操縱控制的社會裡，選民的知識就像飼料管中灌輸下來的豬食，是強餵的，而且只有那麼一種。既然沒有多種思想飼料讓他自己做選擇，他就從來沒有機會學習如何去辨別品味，識別良劣。留學生在國內時由教科書與報紙中對事情形成一種看法，到了國外，突然發現了未經封鎖的消息與資料對事情提出完全相反的詮釋，他怎麼能不驚嚇？怎麼能不覺得受騙？他的「變」也理所當然。

那麼還沒有出國的學生呢？有一次我問一位來台教政治學的美籍教授：「你是否覺得台灣大學生對政治太天真，太容易接受宣傳？」他的回答令我大吃一驚；他說：「剛好相反！我的研究生非常的 cynical——疑世。凡是政府消息，他們就拒絕相信，凡是政府說是真的，他們就認定是假的。因為對宣傳與報導極度的不信任，連大陸的文革都有人認為大概也是好的。他們反灌輸、反宣傳的心理到了矯枉過正的地步。」

我不知道這位外籍教授所描述的情況有多普遍，但是不論是否普遍，問題嚴重的癥結還是很清楚地暴露出來：在民智大開、教育普及的今日台灣，封鎖消息、控制言論的做法不但達不到安定穩定的目的，而且正收到惡劣的反效果。

如果有人認為思想言論的控制只是一個政治問題，不影響社會其他層面，那他就太天真了。讓我們看看培養社會中堅的大學教育。一方面，我們說要作育英才：讀社會科學的，要學會慎思明辨；讀人文藝術的，要格物致知；讀自然科學的，更要有鍥而不捨，打破砂鍋問到底的精神。所謂「慎思明辨」、「格物致知」、「打破砂鍋」指的都是同一個原則：對真相、真理的全心全意地追求；學問由此而來。

好，這似是高等教育一個最基本的精神。問題是，另一方面，學生到圖書館裡翻開英文百科全書，找到「中華民國」或「蔣介石」那幾頁，發覺「有關單位」已經把一些文字用黑墨一行一行畫掉，只留下幾行他本來就知道的。他讀中國文學史，學到五四運動，但是想看那個時代的小說，老師說：是禁書，不能看，沒有。他逛到書店，抽下一本台灣盜印的英文旅遊指南，發覺有一頁空白參差不齊，原來指南裡有關中國近代史的簡介沒有印出。在課堂上，他可以偶爾問一個存疑已久的問題，老師說：我們還是不要碰這個題目，不方便。他也可以為校刊寫了篇文章，發表一點意見，訓導處把稿子退回，說：不能登，不能說，你思想有問題。

一方面鼓勵學生去努力追求真理真相，一方面又用各種手段防止學生得到某種知識——學生難道是智能不足，我們希冀他不會發現這兩種態度間的嚴重衝突？這種掩藏式的做法不僅暴露出執政者及教育者的虛偽，而且更可笑的，它根本行不通！思考是追求真理的工具，學生一旦獲得這個工具，我們就不可能對他說：你去治學問，但不要碰政治。譬如說一個有能力深思經濟問題、文學問題的人，他一定也有能力分析政治問題。反過來說，如果我們執意不讓學生在政治問題上刨根挖柢，唯一的辦法就是根本不教他追求真理的原則與方法，不給他「思考」那個刨根挖柢的工具——但是這樣一來，我們還談什麼教育？

在一個百般禁忌的社會裡，我也懷疑會有真正偉大藝術作品的產生。藝術創作，是一種競技。在自由的環境中，每一個人都能竭盡所能地去發展他的才智；作家沒有他不敢寫的題材，畫家沒有他不敢畫的意象，評家沒有他不能攻擊的對象，劇作者沒有他不可表現的理念。只有在這種盡情發揮、全面競技的情況下，才可能創造出真正尖端、真正偉大的作品來。而台灣的藝術家則在層層束縛中創作，像一群困在窄池裡的青蛙。有太多太多的書禁讀，太多太多的題材作家不敢寫、歌手不敢唱、畫家不敢畫；寫了成禁書，唱了成禁歌，畫了成禁畫。於是每個人都小心翼翼地，在一個許可的小範圍裡發揮有限的想像。我曾經問一位電視編劇：「為什麼這麼多古裝歷史劇？」他的答案很簡單：「為了安全。」這種情況就像運動員綁著一條腿，單足賽跑。我們如何期待偉大的中國作品？

十年來，台灣在言論尺度上的放寬大概是每個國民都能感覺到的。黨外刊物有些言論雖然很缺專業水準，卻正可以用來證明台灣的民主在不斷地茁長中。也因為這種很明顯的進步，《新聞週刊》把台灣比作歐威爾的警察統治世界就顯得過分。但是過分歸過分，有許多事實是我們所無法否認的。與其做情緒上的反應，不如利用這個「清脆的耳光」來做一番冷靜的自省：言論控制的目的在哪裡？手段是否合適？效果如何？最重要的，究竟有沒有控制的必要？控制思想有什麼嚴重的後果？合不合台灣現狀與未來的需求？

在一個健康的民主制度中，不容許「莫須有」的白色恐懼存在。我們要用理性，還有面對事實的勇氣，去取代恐懼；是深省的時候了。

一九八五年九月二十日

1 Big brother is watching you.

2 一九八五年七月二十二日至三十一日，中國國家主席李先念訪問美國，與美國總統雷根舉行會晤。這是中國國家元首首次訪美。

3 中壢事件：一九七七年十一月舉辦五項地方公職選舉，設於中壢國小的投開票所傳出舞弊，上萬民眾包圍中壢警察分局，混亂中二人遭警擊斃。許信良以壓倒性票數當選桃園縣長，事件落幕。

4 一九七九年十二月十日，《美麗島》雜誌社在高雄舉辦人權紀念會，吸引大批民眾前往，鎮暴警察嚴密監控，爆發警民衝突。警備總部以叛亂罪嫌逮捕相關人士，進行軍法審判。

精神崩潰的老鼠

每一個難題都需要一個解決的辦法。究竟乳酪在左邊還是右邊？不管在左在右，當一個人不再能以「新」的方式來應付「新」的情況，當他不計後果的、根本拒絕改變自己的時候，他就是一隻弄「擰」了的老鼠；精神的解體只是自然的結局。

李國棟床上堆著書，每天晚上睡在榻榻米上。讀書讀到清晨一兩點，讀到兩眼充血，像針扎一樣痛苦，才把書放開。蜷曲到榻榻米上，用條繩子把左腿跟一隻桌腳綁在一起，熄了燈睡覺。

「這樣一來，我一翻身，扯不動腿，就會醒過來；醒過來就馬上爬起來繼續看書——今年是第三年了，再考不上，就要當兵去了！」

聯考前，李國棟很平靜地這樣解釋他的生活方式。他消瘦的臉頰浮著一層暗暗的青氣，眼白裡一條一條細細的血絲。講話的時候，眼神渙散，不知道他在看哪裡。

「為什麼不換個讀書方法？這種煎熬式不是效果很差嗎？」

他搖搖頭：「我不知道有什麼別的方式。」

「為什麼不先當了兵再回來考？讓心裡休息一下？」

他搖搖頭：「非考上不可。」

「為什麼不找其他出路？不要上大學，讀職校或學技術？」

他開始咬指甲，每一片指甲都嚼得爛爛毛毛的：「不行，我非讀大學不可。」

李國棟後來仍舊落了榜，但是也沒去當兵。他在精神病院裡住了兩個星期之後，有個晚上，偷偷吞了五個大鐵釘，從七樓的陽台上跳下來，剛好摔在垃圾車旁邊。

麥爾教授對老鼠很有興趣，曾經做過這樣的實驗：

把老鼠聚集在一個平台上，讓牠們一個個往下面兩個門跳；跳向左門，牠會碰得鼻青眼腫，跳向右門，門卻會打開，門後是甜美的乳酪。小老鼠當然不笨，訓練幾次之後，就快快樂樂地老往右門跳去，不再摔得一鼻子灰。

可是，就在小老鼠的選擇方式固定了的時候，麥爾就把乳酪從右門移到左門；本來以為可以飽食一頓的老鼠現在又碰得鼻青眼腫，不知道客觀情勢已經改變了。幸好，摔了幾次之後，牠又漸漸熟悉了新的情況：原來乳酪在左邊！

問題是，這個時候，麥爾又有了新花樣；他把門的顏色重新漆過，把乳酪一會兒放左，一會兒放右，老鼠在新的習慣形成之後，發覺原來的抉擇方式又行不通，牠必須不斷地適應新情況，不斷地修正自己的習慣行為……

老鼠變不過來，下一個反應就是「以不變應萬變」。麥爾發覺，在應變不過來的時候，老鼠就搞「擰」，開始固執起來，根本就拒絕改變方式。譬如說，如果牠已經習慣於跳向左門，你就是把乳酪明明白白地放在右門口，讓牠看見，牠仍舊狠狠地往左門去碰腫鼻子，愈碰就愈緊張。如果實驗者在這個關口繼續強迫牠去做跳左或跳右的抉擇，老鼠就往往會抽筋、狂奔、東撞西跌或咬傷自己，然後全身顫抖，直到昏迷為止。換句話說，這隻老鼠已經「精神崩潰」。

麥爾教授於是歸納出導致老鼠「精神崩潰」的五個階段：首先，對某一個難題（左門或右門），老鼠逐漸培養出一種應對的習慣來（選擇右門；右門有乳酪）。第二個階段，客觀環境改變，老鼠發覺慣有的方式已經不能解決問題，因此感到驚駭。下一階段，不斷地焦慮與挫折、失敗之後，牠就固執地以舊有的方式面對新的情況，不計後果（就是看見乳酪出現在右邊，仍舊往左邊闖）。第四個階段，根本放棄努力（乳酪也不吃了，乾脆餓死）。最後，如果外力迫使牠非解決問題不可，牠就又回到牠所習慣的舊方式（左門就是左門，非左門不可），當然又碰得鼻青眼腫，餓得老眼昏花。明明只是換個門徑就解決了一切，牠卻擰執在習慣行為中飽受挫折與失敗的煎熬，最後以崩潰結束[1]。

在垃圾車邊被清潔工人發現了的李國棟是一隻弄「擰」了的老鼠，我們的社會環境與教育制度是控制乳酪、製造難題的實驗家。從前，大學之門是通往乳酪的門，所有的人都往那個門跳。「士大夫」觀念深深地植根，因為我們發覺成了「士大夫」之後就有甜美的乳酪可吃。但是，在大家都習慣於這個方式之後，客觀情況卻變了，乳酪換了門；往「士大夫」那個門撞去，卻撞個鼻青眼腫，而且沒有乳酪。

可是孩子們繼續去撞那一扇門；做父母的繼續鼓勵孩子們去撞那扇沒有乳酪的門。他們說「有志者，事竟成」；說「有恆為成功之本」；說「精誠所至，金石為開」；說「老天不負苦心人」。門的顏色變了，乳酪的位置換了，可是弄「擰」了的人固執地守著舊有的方式，「以不變應萬變」。

於是有一天大清早，清潔工人在垃圾車邊發現一團血肉模糊的——是人還是老鼠？他嚇了一跳。

一個人，也只不過是隻有可能精神崩潰的老鼠。人生的每個階段裡都有看似不可解的難題時時強迫他做抉擇：考試失敗了，愛人變心了，婚姻破裂了，工作失去了。每一個難題都需要一個解決的辦法。究竟乳酪在左邊還是右邊？不管在左在右，當一個人不再能以「新」的方式來應付「新」的情況，當他不計後果的，根本拒絕改變自己的時候，他就是一隻弄「擰」了的老鼠；精神的解體只是自然的結局。

一個國家，又何嘗不是個精神可能崩潰的老鼠?!國際局勢的變化多端就好像乳酪的忽而在左、忽而在右。三十年前解決問題的方法不見得能解決二十年後的問題。如何能不受制於舊習慣、舊觀念、舊方法，如何不搞「擰」了去老撞一扇沒有乳酪的門而撞得鼻青眼腫，需要的是彈性與智慧。

智慧，不正是人之所以為人，鼠之所以為鼠的差別嗎？

一九八五年九月二十六日《中國時報》

1 取材自S. I. Hayakawa, "Insoluble Problems," *Invention and Design*, N. Y., 1981。

台灣是誰的家？

——啊！光復節！

有一天，走在街上，看見人行道上擺出了選舉看板——台北市正在選議員；看板上貼著大字報。我湊近去看看，嚇一跳；整片大字報，用放大的毛筆抄寫的，竟然是我的〈台灣是誰的家？〉：

「四十年後的台灣，有想走而走不掉的人，有可以走而不走的人，也有一心一意在這兒今生今世的人；不管哪一種，只要他把這裡當『家』……這個地方就會受到關愛、耕耘、培養。怕的是，過了四十年仍舊不把這兒當家，這個家才會破落……」

是黨外的候選人，把我對國民黨的批判拿來做競選文宣了。這時，有一個聲音在背後響起：「請問你是不是龍應台？」

我回頭，看見一個瘦瘦的、文質彬彬的男人。「你是誰呢？」

「我是——」他說：「我是江春男。」

這篇文章的嚴重性，大概到了頂點。也是在這個時候，余紀忠先生，《中國時報》董事長，被總統府請去「喝茶」，談「野火」對人心造成的「不安」，對國家的「傷害」。余先生在總統府裡說了些什麼我不知道——他淡淡地講著這事，然後要我喝茶。

五顏六色的牌樓又搭了起來，五顏六色的燈又亮了起來。莊嚴的大人物湊著麥克風講整齊對仗的句子，報紙的頭版有紅色的大字，彩色的框框；收音機的鈕轉來轉去都是標準又悅耳的女聲……

啊！又是一個光復節！

光復節又怎麼樣？仍舊是人擠人、車擠車的世界，烏煙瘴氣。

可是這是四十週年的光復節——四十年哪，人生有幾個四十年？

四十年又怎麼樣？淡水河是條發臭的毒溝，觀音山是長了膿瘡的病狗。嬰兒餵假奶粉，小孩吃餿水油，大人喝用過的寶特瓶，老人把畢生積蓄交給十信……四十年又怎麼樣？光復節又怎麼樣？

立法委員問俞國華我們是否有一個「信心危機」。俞院長說，沒有沒有，當然沒有。江南、李亞頻[1]，餿油[2]、十信[3]、毒玉米，都是孤立案件，不代表任何意義。我們信心十足，信心十足。

可是我聽到鄰居十歲的小孩丟下書包大聲喊：「媽媽媽媽，台灣不能住了。我是吃餿油長大的！」我也聽到二十來歲剛結婚的朋友皺著眉頭說：「結婚可以；生孩子，不可以。每天騎機車上班，眼紅瘋狂的人潮與車馬常勾出我心中對整個人類的仇恨來。一輛機車狠狠插在我前面的那一刻，我血液沸騰得很願意當場撞得他頭殼破裂而不覺一點點惋惜。把新生命帶進這樣一個世界來，不，太殘忍了。」

為什麼沒出過國的小孩會下「台灣不能住」的結論？為什麼一向篤信傳宗接代的中國人會覺得台灣這個地方不可以養兒育女？俞院長的「信心」來自哪裡，是哪一種信心，我覺得茫然。不肯承認我們有信心問題，是因為看不見問題或不敢說實話，我實在無從判斷。我只知道，父母千方百計地把幼兒稚女送出國讀書，表示對我們的教育制度沒有信心（是的是的，王贛駿[4]與丁肇中[5]的成功等於我們教育的失敗……）。有錢人把產業化整為零地存到國外銀行，表示對我們金融制度缺乏信心。政府官員與大學主管珍惜綠卡，每年氣喘喘地來回，表示對我們的政治前途沒有信心。反對人士必須躲在外國的羽翼下才敢發言批評，表示對我們的民主憲政沒有信心。至於年輕人覺得這片土地已經糟到不適於傳宗接代的地步——這不是缺乏信心，這是絕望。年輕人的話，令我深深的哀痛；而那些不著邊際的高調，令我失望。

八年前我帶了幾份介紹台灣的畫報給歐洲的朋友看。這些畫報都有中英對照而且攝影圖片非常精緻。朋友翻看之後不經意地說：「這些很像東德或保加利亞的官方刊物。」我很驚訝：台灣的東西怎麼會讓他聯想起兩個共黨國家來？

原來也只是一句憑直覺的評語，朋友也得思索好一會才分析出原因來：「因為你看得出這個刊物在刻意地表現美好的一面，刻意地把其實任何社會都有的缺陷與難題都隱藏起來。你看，第一頁到末頁全是美麗的森林、純樸的山胞、富庶的農村等等，像人間天堂。相反的，一個開放國家的刊物，通常，在稱頌美麗森林的同時，或許會提到酸雨汙染的威脅；介紹純樸的山胞時，也許會說到物質文明的侵略；讚美富庶的農村時，就不免提到農村人口的流失……你拿東德與西德的畫報一比較，就看出很明顯的態度上的區別。」

他不說，其實我也該知道。文革鬧得家破人亡的時候，中共往外散發的彩色畫刊每一頁都是兒童蘋果似的笑臉、乾淨整齊的公園、歡樂幸福的農村景觀，表現出一片人間淨土；美麗的圖片所企圖遮掩的，當然是個哀鴻遍野的人間地獄。

多麼簡單的道理！真正有信心的人不怕暴露自己的缺點，更不忌諱承認自己的醜陋。試圖遮掩粉飾才真是沒有信心的表現。四十年後的台灣固然已經脫胎換骨，卻明明白白的有一身病痛：根本的政治問題、燒在眉睫的環境問題、需要急診的經濟轉型問題、影響深遠的教育問題，還有，使每個人不是咬牙切齒就是搖頭嘆息的道德淪喪現象。可是，如果我們有能力，我們就不怕面對這些病痛；如果我們有自信，我們就不怕大聲承認：是的，我們確實有這些病痛。避諱或遮蓋都是自欺，自欺意味信心不夠，這，才是真正的危機。

我從來不忌諱大聲說台灣是我「生了梅毒的母親」，也不猶豫地告訴你台北是我所見過最庸俗最醜陋的都市，更不在乎對你說，中國人是個自私短見鄉愿的民族──不怕你覺得刺心。我還可以恨恨地說，台灣的社會是個道德腐蝕到骨髓裡的社會──不怕你罵我數典忘祖。

因為我對台灣還有信心。

看看有多少人在角落裡默默地播種、耕耘；台灣的「有心人」真多。消費者基金會一點一點累積起來的成果，現在算是大家都看得見了。還有許多看不見的：「婦女新知[6]」的一小撮人在一點一點地提高女性的自覺，教導她保護自己的權益。台大也有一小群人成立婦女研究中心，引導社會重視婦女問題。扶輪社──你以為有錢人都是腦滿腸肥之流嗎？──正在籌備環保基金會。另外又有幾個人正準備推出《新環境》雜誌[7]，為我們病重的大地做紀錄。還有一群理想主義者要出版《人間》雜誌[8]：沒有穿泳裝的明星，沒有微笑的政客；雜誌關心病患孤兒寡婦，幫助這個愛喊光明口號的社會親眼看看陰暗痛苦的一面。

這些少數人的努力卻要承受很大的壓力，就像小草拚命要突破已經龜裂但仍舊堅硬的水泥板一樣。當年消費者基金會飽受挫折，好不容易加上「文教」兩字，才受到教育部的收容而成立，現在扶輪社要建立的環保基金會又在團團轉，尋覓出路。婦女消費團體或自覺行動也受法規制度的百般刁難；任何民眾為自己爭取權益的行動都受到限制與束縛。這些保守而落後的法制就是壓住小草的水泥，但是我的信心就在於這些小草伸向陽光的力量。只要有這麼多「有心人」，台灣就有希望。壞的可以變好，腐爛的可以新生，染病的可以復元。

可是，你是誰？憑什麼你就做「沉默的大眾」，等這少數人努力了，甚至犧牲了，你再去享受他們的成果？你現在買著消費者團體認可的食品，當初這些人投告無門的時候，你是在一旁觀望？嘲笑？還是漠不關心？現在正開始墾荒的小團體，譬如「新環境」，需要人力的支援去研究環境的制度問題、評鑑問題，需要金錢的援助去啟發小學生愛生的觀念，對老農夫解釋濫葬的害處。你關心嗎？你在乎嗎？你應該現在也變成工作的一分子呢？還是做個「沉默的大多數」等著成果從天上掉下來？

在台灣革新很難，一方面固然是由於許多制度的僵化，（一個團體登記之後，就不允許第二個性質類似的團體存在——這是什麼蠢人訂的蠢法？消費者組織不是愈多愈好嗎？）另外還有保守的執政單位對社會自覺運動的疑懼。一個更大的障礙，卻是民眾本身的缺乏動力。美國有個年輕的母親，因為女兒被醉酒駕車人撞死，組織了「反醉駛運動」，到處陳情、抗議、演講，教導駕車道德。現在這個組織有六十萬個母親加入。

我們之中，多少人有這種鍥而不捨的精神？譬如在月光籠罩的海灘上看見卡車盜砂

——你視若無睹呢？還是恨恨罵一聲，繼續釣魚？還是打個電話給警察局就算了事？有多少人會追根究柢的，要求政府制止盜砂的行為：通知警察局，無效；再試環保局，無效；再試海防部隊，海防說：「我們只抓共匪」，好，那麼從頭研究法令，到底海濱的沙地由誰負責。我們有多少人有這種精神？前人種樹，後人納涼是件美事；但是你不種樹，身後的人又哪裡有涼可納呢？那群少數人的努力或許能衝破僵硬的水泥地，你就不能也投入做一點草根裡的養分嗎？

我不知道誰視台灣為家。有人依依不捨地回顧過去的大陸，有人拿著綠卡飛向未來的大陸，有更多的人不想過去，不想將來，也不知珍惜現在腳下的泥土。我是個要浪跡天涯的人，但是深切知道，即使穿著涼鞋的腳踩在土耳其的石板路上，別人問「客從哪裡來」時，我只有一個答案：不是湖南，不是紐約，不是慕尼黑。家，可以暫時揮別，可以離棄，可以忘懷，但家，永遠還是那麼一個。四十年後的台灣，有想走而走不掉的人，有可以走而不走的人，也有一心一意在這兒今生今世的人；不管哪一種，只要他把這裡當「家」——心甘情願也罷，迫不得已也罷——只要他把這裡當「家」，這個地方就會受到關愛、耕耘、培養。怕的是，過了四十年仍舊不把這兒當家，這個家才會破落。信心不信心，在此而已。

五顏六色的牌樓又搭了起來，五顏六色的燈又亮了起來。莊嚴的人物在演講，報紙的刊頭用紅色……但這是四十週年的光復日，人生有幾個四十年？五顏六色之外、歡呼與口號之外，是不是該有一點新的、誠實的省思？

一九八五年十月二十八日《中國時報》

1 李亞頻事件：一九八五年九月十七日，警總以「涉嫌迎合中共統戰陰謀」、「連續以文字為有利於叛徒的宣傳」的罪名，逮捕了返台的洛杉磯華文《國際日報》發行人、高雄市國際商專董事長李亞頻。美國國務院發表聲明，要求立即釋放，行政院長俞國華表示將「依法公平處理」。二十六日，李亞頻獲釋。

2 餿水油事件：一九八五年九月，調查局破獲餿水油事件，油行收購養豬戶及餐廳的餿水浮油，將油層分離再製成食用油或羼入知名沙拉油中，然後回銷給餐飲業者使用，從中牟取暴利。此事件繼一九七九年彰化油脂公司在食用米糠油中混入多氯聯苯後，再度引起社會震撼。

3 十信事件：發生於一九八五年的金融風暴。當時台灣規模最大的信用合作社「台北十信」，因不良放款遭財政部勒令停業，重挫投資人信心，爆發嚴重擠兌狀況，導致數十名官員下台，十信理事會主席蔡辰洲也因違反《票據法》被捕。

4 王贛駿：一九四〇年出生於江西，十二歲隨父母來台，美國加州大學物理學博士。一九七五年成為美國公民，擔任美國航空暨太空總署多項計畫負責人，也是第一位登上太空的華裔科學家。

5 丁肇中：一九三六年出生於美國密西根州，華裔美籍科學家。青年時期曾在台灣求學，美國密西根大學物理學博士，一九七六年與芮契特（Burton Richter）同獲諾貝爾物理學獎。

6 一九七〇年早期，呂秀蓮提出「新女性主義」，掀起台灣婦女運動第一波浪潮。一九八二年由李元貞等人創立《婦女新知》雜誌，開始八〇年代的台灣婦女運動。一九八七年十一月，婦女新知雜誌社轉型為婦女新知基金會。

7 《新環境》：一九八五至一九八八年間，台灣重要的環保團體相繼成立，反核四的學界人士組成「新環境雜誌社」，於一九八六年開始發行刊物；後來促成了「新環境基金會」、「主婦聯盟基金會」、「台灣環境保護聯盟」成立。

8 《人間》：由台灣左翼作家陳映真創辦的報導文學雜誌，一九八五年十一月創刊，一九八九年九月停刊。以風格強烈的圖片、寫實的文字紀錄，呈現當年的社會樣貌。

容忍我的火把

——與一位告密者的溝通

快要生產了。常常會感覺到胎兒的小手小腳在裡頭踢動，心裡覺得甜蜜又幸福，但是一封告密者的信，輾轉來到我面前，這，是一個可以置人於死地的東西。

在黑夜裡思索：是暫時停筆避難，還是迂迴以對？還是正面迎戰？

我決定正面迎戰。於是寫了這篇文章直接與告密者對話。但是，我們都知道，這篇如果刊出，很可能就是最後一篇了，因為，已經走到主流媒體的懸崖邊，快摔下去了。

也因此決定這篇一刊出，就馬上出書，而且書要出得夠快，也賣得夠快，要快到他來不及查禁或沒收。

這篇文章刊出一個月後，《野火集》的書被推出印刷廠。我，被推進產房。

孩子出生的當天，國民黨所屬的各個報刊正式開動了全面的對《野火集》的圍剿。一九八五年十二月十四日。

《野火集》在二十一天之內再版二十四次。

國民黨文工會送來一大籃水果。電話裡的人很客氣：「不知您願不願意見官？」那時負責國民黨「文化工作」的官，是宋楚瑜。

我開始哺乳。

趙先生：

不知道您姓名，姑且以百家姓上第一姓稱呼。

您給「有關單位」寫了封長信，指控我以「野火集」進行「煽動」、「挑撥」，「無中生有」地攻擊政府，鼓動青年學生製造事端等等……基本上，您對我的恐懼來自〈不會「鬧事」的一代〉（九月三日）和〈啊！紅色〉（八月二十九日）兩文；前者，照您的解釋，在唆使年輕人走出校園示威抗議，點火鬧事；後者，則有意侮辱政戰官，離間軍中感情，埋下鬧事的種子。為了保護台灣社會的「安定」，您希望「有關單位」能把「野火集」封掉。

通常，這樣一封完全曲解我文章的信，我是一概不予答覆的。但是您這封信不是直接寄給作者的讀者來函，而是投給「有關單位」的密告，其中就表露出一種特殊的心態，很值得探討。

首先，我要請您「讀書求甚解」地把「鬧事」一文重新閱讀一遍。您會注意到，我為「鬧事」一詞特別冠上了括號；括號的用意，就是說，這個詞在這篇文章中不做一般解釋，而有我特定的意義。這個特定的意義在文章中也說得相當清楚：

「如果『鬧事』也可以解釋為『以行動來改變現狀』的話，我們這不會鬧事的一代就值得令人憂慮了。」

以這樣一個新定義為基礎，我所舉的「鬧事」的例子，是消費者文教基金會的所作所為，而且強調「鬧事」有先決條件：

「一個滿足現狀的民族不可能進步，但是要對現狀不滿，一個人必須先有所關心，用心觀察，觀察之後做判斷，判斷之後付諸行動。關心可以是感性的，只是對生於斯長於斯的土地的一份愛。但是空有感情無濟於事，它必須有冷靜的理性的支持——判斷與行動需要堅強的理性。」

這樣的白紙黑字怎麼會使您覺得我在鼓動學生殺人放火呢？加了括號的「鬧事」指的是一種行動的道德勇氣，以及一個長期的醞釀過程：先學習關心社會，再訓練獨立思考、培養理性，最後才能產生有價值的行動。在前兩樣沒有成熟之前，行動也沒有意義。我所擔心的，是我們的年輕人表面上順從而安靜（使您這樣的人覺得天下皆太平），而實際上，卻因為他們的習慣於服從被動而永遠不會成為推動社會前進的動力。「鬧事」一文的主旨甚至不在於批評我們的學生，而在於提醒成人——像您這樣的成人——不要以「安定」的大帽子因噎廢食地去壓制下一代革新、創新、獨立思考的自然生機。

您之所以會大起恐慌，顯然是在瞄了題目、觸及「鬧事」兩字之後起了杯弓蛇影的反應，「想當然耳」地認定「鬧事」就是「共匪」的勾當，完全不顧我文字裡的心血；這不太公道吧?!

其實，誤讀文章還算小事，值得深思的是您對「行動」（還是改稱「行動」吧，以免您驚慌）的恐懼。您會說：好，就算有關心、判斷、理性為基礎，行動——任何行動——都是社會不安的表現。四十年前學生鬧的風潮給我們這一代人印象太深刻了。台灣好不容易有一個安定的局面，我們要犧牲一切地來維護這份安定。

犧牲「一切」嗎？您可曾想過這「一切」包括了我們社會前進的基本動力？為林安泰古厝[1]和林家花園[2]呼籲奔走的一小撮人是「行動」的一群。為關渡的水鳥請命、對核電廠抗議、為環境生態喊叫得聲嘶力竭的人也是「行動」的一群。當初組織消費者團體到處「惹禍」的也是「行動」的一群。這些人之所以有所行動，都是因為對現狀不滿：消費者覺得衛生署檢驗工作不夠周全，維護古蹟者嫌內政部步調太慢，環境保護者怨環保局效率太差。因為對現狀不滿，又不甘心逆來順受，再加上不屑於袖手旁觀，所以這些人毅然站起來，組織，行動。

您或許會說：啊！可是這些人幹的都是有益社會的好事呀！您是否想到，在您確實知道他們做的是「好事」之前，在這一小撮人最初挺身而出，大聲指責政府缺失，大膽採取行動的時候——在那個時候，您這種崇拜「安定」的人對他們採取什麼態度？當這少數人因為不滿現狀而投書、抗議、聯名陳情、呼喊「鬧事」的時候，您曾經有勇氣支持他們嗎？現在，您享受著這些人努力的成果——坐在安樂椅中讀消費者日報，喝不含毒素的飲料；當時，您卻可能正是那種寫黑信到「有關單位」去指控這些行動者包藏禍心、破壞「安定」的人！

我不認為您是壞人，您之所以會對行動者充滿疑懼而且必除之為快，大概因為您有兩個基本信念：第一，所謂「安定」，就是政府與人民之間沒有衝突；有衝突，就是不安定，不安定使您恐慌。第二，批評政府就是不愛國，愛國者不批評政府。換句話說，愛「國」＝愛「政府」，國＝政府。

愛國先生，您能不能理解——政府與人民之間不可能沒有衝突？譬如說，當政府覺得核電發展在經濟利益上有絕對必要，而民間有人認為核電發展將嚴重破壞生態的時候，衝突就存在了。處理衝突方式的不同就造成民主與獨裁的分野。一個民主的政府了解民意並且時時檢討修正自己的政策，一個獨裁政府根本就不讓民意有表達的機會。所以「安定」也有兩種：在政府與人民溝通、協調之後而使衝突化解的安定，是真實的、持久的安定。不經溝通，卻以政府權力抑制民意以遮掩鎮壓衝突的安定，是假的安定，也是暗流潛伏、危險的安定。您認為「野火集」應該受到封鎖——這就是您所希求的「安定」嗎？這種「安定」對我們珍愛的台灣有好處嗎？

至於愛「國」＝愛「政府」，因此批評政府等於不愛國，老先生，您這個填空題填錯了。您可曾仔細推敲過孫先生的老生常談：政府是人民的「公僕」？愛「國」＝愛「人民」，不是愛「政府」。愛國要以愛人民——也就是你和我和街頭賣蚵仔煎的老頭——為出發點，政府為人民所雇用，做得好則留，做不好則解聘換人，根本無所謂愛不愛。我們也常說要愛鄉、愛家；但是可沒人說愛「鄉」就是愛「村幹事」，愛「家」就是愛那個「掌櫃」的，那麼愛「國」怎麼會變成愛「政府」呢？村幹事可以換，掌櫃的可以換，政府當然也可以換；下個月不就有選舉了嗎？人民這個主人要決定這下個四年由誰來掌櫃。批評政府，等於是監督、訓導雇來的幫手如何把家務事做好，是你與我與賣蚵仔煎老頭的權利與義務；您怎麼會認為批評政府的人就是「陰謀分子」呢？「野火集」如果對政府有所批評，那只代表作者對這個國家、這個民族，有深切的關懷，不願坐視少數公僕誤了主人的福利。要真正比愛國，我可覺得我比您這種不管公僕做了什麼都只會在旁唯唯稱是的人要愛「國」得多多。

〈啊！紅色〉的短文，您說，也使您坐立難安，因為我顯然一點沒有反共意識；海峽對岸就有強大的敵人，藝術獨立當然不如「安定」來得重要。

趙先生，您以為您是反共？不，您這叫恐共。和那位寫信到總統府去指控李再鈐的雕塑品有「紅色嫌疑」的人一樣，您流露出一種盲目的、情緒化的恐共心理。我反共，因為我反對任何蔑視人性尊嚴、扭曲個人意志的制度，而中國共產黨正是這樣一個制度的極致。可是我不能理解台灣恐共的心態。一個純藝術的創作，只因為它令一、兩個人聯想起紅星，您就怕有匪諜滲透，破壞「安定」。以發揚藝術為宗旨的美術館就趕緊改漆顏色（是否事先徵得創作者同意其實並不重要）。更荒謬的，這樣嚴重侵害藝術的事件發生之後，既不見市政府官方做任何補救措施，也不見藝術界團體有任何抗議或自救的行動。大家噤若寒蟬，似乎整個社會都在屏住呼吸低聲說：啊！紅色！

對敵人恐懼只有一個解釋：對自己沒有信心。可是努力了三十幾年的台灣，經濟比大陸發達，教育比大陸普及，政治比大陸民主穩健，為什麼還如此缺乏自信？我很不希望這個紅色雕塑事件傳到國外去，傳到國外就暴露了兩件「家醜」：一是台灣對藝術的踐踏與輕蔑，一是我們近乎荒謬的恐共情緒。盲目地恐共，趙先生，不足以對付海對岸的敵人了，因為盲目的恐懼通常導致鴕鳥式的逃避或者拿石塊砸自己腳的驚惶失措；您大概也打過仗，這樣打仗能贏嗎？我們需要的是知己知彼的自信，是正視現實的勇氣，是運籌帷幄的極端冷靜；不是，不是把眼睛遮起來恐慌地叫：啊！紅色！

在您的觀念中，把藝術品改漆成銀色，把「野火集」這樣的專欄封鎖，把「以行動改變現狀」的人囚禁起來……我們的社會就「安定」了。為了「安定」，什麼藝術、自由、改革，都可以犧牲。趙先生，我也珍惜台灣的安定，尤其是從譬如菲律賓之類有游擊隊橫行的地區回來，在夜裡的台北搭一趟公車都令我充滿欣慰之情。可是，您仔細的想一想：如果為了您那種假象的「安定」，而犧牲掉台灣三十幾年來一點一滴累積起來的民主與開放，這個紙包火的「安定」值得嗎？如果為了反對共產那個不尊重人性的制度，而在我們自己的制度中壓抑個人意志——我們還憑什麼反共？蔣經國先生的談話不盡然都是節慶的八股，今年的國慶他就說了句非常值得深思的警言：台灣與大陸抗衡的最大武器，就是我們的民主自由。事實上，台灣這個小小的地方值得你我珍愛，難道不正因為它有一個比大陸尊重人性的制度？

您顯然不同意「野火集」對事情的看法，但是您並不光明正大地與我辯論，卻悄悄地到「有關單位」去告密。這表示您肯定政府有箝制言論的權力。您一定也知道那樣一封密告信對我可能帶來嚴重的後果——但您還是寫了，表示您也肯定「文字獄」的必要。抱有這樣的觀念，您可能也不是第一次寫那樣的信。因此，與您溝通，我實在並不抱什麼希望。但是我對這個島嶼仍舊充滿信心：幾百封不斷的讀者來信，表示您畢竟代表少數；我們的「有關單位」似乎也比您容忍，比您開放，更比您了解：我們需要的「安定」是真實持久的，來自民主交流的安定，不是封鎖式、鎮壓式的假象安定。

這個社會既然有我這種燃火的人，當然也就少不了您這種滅火的人。可是我們都愛台灣——您以您的方式，我以我的方式。那麼，既然我可以容忍您的存在，您是否也該容忍我的火把？

一九八五年十一月五日《中國時報》

1 林安泰古厝原位於台北市大安區四維路一四一號。一九七〇年代，台北市政府為了拓寬東區敦化南路，計畫拆除林家古厝。各界人士有感於古厝之美以及其他種種價值，經過多方人士奔走搶救才得以保存。一九七八年因古建築遷建計畫出爐，加上林家後代林思訓獨排眾議將古厝磚瓦無條件捐獻，一九八六年拆遷重組於濱江公園。

2 林本源園邸位於新北市板橋區，為板橋林本源家族興建的房舍，是目前台灣保存最完整的園林建築。原為林本源家族北上屯租的租館，後經林國華、林國芳兩兄弟擴建，成為林本源家族居所。一九七七年，林家將庭園部分捐給當時的台北縣政府，並於一九八二年開放參觀。林本源園邸可分成「園」和「邸」兩部分：園被稱作「板橋林家花園」，指住屋之外的庭園部分；邸指的是林本源家族居住處，即庭園西側的三落大厝。

在「一九八四」以後

野火現象

二十年後重讀此篇，發現它有點不幸地「一語成讖」：「一些黨外刊物，雖然標榜批判，卻無法把讀者完全爭取過去，因為它往往也是以一個特定的意識型態為出發點，以某個政治結構為目的地；不同的意識型態，不同的政治目的，但是反宣傳可以變成宣傳，反教條可以變成教條，如果沒有較開闊的胸襟、較長遠的眼光以及對理性的堅持，蒙眼布換了顏色還是蒙眼布。」

二十年後的歷史狠狠地證明給你看：是的，當反對黨掌權之後，它竟然真的只是一條換了顏色的蒙眼布！

菜市場中一地的泥濘。討價還價的喧嚷夾著刀起刀落的剁聲。在菠菜和胡蘿蔔旁邊，居然擱著一本攤開的《野火集》。賣菜的婦人蹲在地上剝玉米。

「歐巴桑，你在看這書嗎？」

「嘸是啦！」她愉快地回答，「我後生在看啦！伊在讀大學。」

撕掉蒙眼布

《野火集》在出書二十一天之中再版二十四次，四個月後，已經迫近五十版，馬上要破十萬本的大關。文化界的人士咋舌稱奇，說是多年來沒有見到的現象。書店的經銷商說，許多買書人似乎帶著一種「使命感」走進書店，買一本給自己之外，還要添一本送人，惟恐讀「野火」的人不夠多。一位醫師告訴我，他買了三百本書四處寄發。學校老師也往往為學生集體訂購，作為指定的課外讀物。海外的留學生也來信，希望這本書能銷到國外。

這是個非常奇特的現象。《野火集》破紀錄地、瘋狂似地暢銷不是一個偶發、孤立的事件。從專欄時期讀者反應的洶湧，到成書之後讀者「奔相走告」的熱潮，在在都顯示這是一個深具含義的台灣社會現象。很明顯的，我們的社會對「野火」所發出的聲音有一種飢渴的需求。

需求什麼呢？

「野火」是個強烈的批判聲音；當批判的對象是自己的時候，就成為反省。「野火」，因此也是個自剖反省的聲音。但是「野火」裡頭並沒有任何新鮮的觀念。它指控現代的中國人喪失道德勇氣，它要求學生爭取獨立思考的空間，它要求政治的開放與容忍。近代史上，一波又一波中國的知識分子一次又一次地吶喊著同樣的話。如一位教授所說：「你的野火精神和當年的文星精神沒有什麼太大的區別；但是為什麼二十年前叫喊的事情在二十年後還有叫喊的必要？可見我們進步非常有限。」的確，可是這一次的叫喊，在空谷中引起嗡嗡不絕的回聲，「野火」由一根小火柴燒成一小片火海，表示這是個不同的時機。或許人們不只是厭倦窠臼本身，也厭倦一次一次叫喊後的失敗。在上千的讀者來信中，大部分有這麼一句話：「啊！你說出了我心中早就想說的話」，然後加上三個驚嘆號!!!。「野火」顯然痛快地供給了情緒的發洩，但是令人心驚的是，在發洩之前，那份情緒有多麼堵塞，多麼鬱悶。

台灣在蛻變中。曾經是個一元化、權威分明的社會。子女遵從父母，學生遵從老師，人民遵從政府。可是經濟起飛了，如果上一代努力的是物質上的獨立，那麼這一代就追求精神上的獨立。教育水準提高了，往往子女懂得比父母多，學生青出於藍，人民所擁有的知識比官僚還高。西方民主文化的衝擊更是勇猛直接。雷根說格達費計謀暗殺他，台灣的電視就顯現：美國記者大聲問總統：「你有沒有證據呢？沒有證據就是撒謊。」這種鏡頭對我們膜拜電視的社會不可能沒有影響。頭腦再簡單的人也會問一聲：「哦，民主是這樣的呀？」更何況是已經受了教育、寧可自己思考的人。

經濟、教育、外來文化等等，構成伊甸園裡的知識之果，台灣的社會大眾，是吃過蘋果的亞當。吃過蘋果，發覺自己的赤裸，於是急切地想看清現實，解決問題，但是亞當的臉上綁著一塊蒙眼布──吃蘋果之前的舊觀念、舊制度、舊做法、舊信仰，遮著亞當睜大的眼睛。多少年來不曾經過審查的教條、口號、神話、謊言，密密地包紮著亞當開始流轉的眼睛。

「野火」只有一個簡單的要求：**撕掉蒙眼布**。對「野火」狂熱的反響或許也就傳達了那麼一個簡單但迫切、堅決的訊息：**我們不要蒙眼布！讓子女、學生、人民，都用自己的眼睛去看，自己的頭腦去想。**

在野之聲

「野火」暢銷的主因固然是它反對權威、批判現狀的立場，但是為什麼比它更激烈、更叛逆的刊物，譬如一些黨外雜誌，卻得不到小圈圈以外的回響？其中人為的因素當然很重要，譬如查禁的問題；最主要的因素卻在於這些雜誌本身的限制。一方面，歌頌權威、膜拜現狀的書籍刊物對厭倦蒙眼布的人缺少吸引力，因為它的出發點與目的地都是一種意識型態。另一方面，一些黨外刊物，雖然標榜批判，卻無法把讀者完全爭取過去，因為它往往也是以一個特定的意識型態為出發點，以某個政治結構為目的地；不同的意識型態，不同的政治目的，但是反宣傳可以變成宣傳，反教條可以變成教條。如果沒有較開闊的胸襟、較長遠的眼光以及對理性的堅持，蒙眼布換了顏色還是蒙眼布！而吃了蘋果的亞當所急切、不耐、引頸盼望的，不只是換一塊蒙眼布！

我們不能沒有黨外刊物，因為它是一個制衡的聲音。從「野火」的現象看來，我們更急迫地需要第三種聲音，一個不以單一意識型態出發、沒有政治野心、真實而純粹的「在野」之聲。這個聲音通常由關心社會的知識分子所發，可是在今天的台灣，這個聲音，不是沒有，但微弱暗啞。知識分子或者受制於強權而不敢作聲，或者屈服於做官的私欲而婉轉歌唱，或者受挫於嘗試的失敗而灰心隱退；仍舊在努力中的，只能支支吾吾、避重就輕，貌似前進的《野火集》並不例外；或者倒過來說，「野火」這麼一本鼓吹最基本的民主觀念的書都能引起這麼大的震撼，不是「野火」前進，而是這個社會落後；不是「野火」的聲音特別清越，而是這個社會根本缺乏嘹亮的在野之聲。

山中無老虎，猴子稱霸王。聲勢浩大的「野火」其實只是一隻猴子；台灣需要的，是真正老虎的吼聲，許多老虎的吼聲。

喜鵲・烏鴉

因為在粉飾、教條、自我吹噓、自我慰藉的「醬缸[2]」裡泡了幾十年，我才在極端不耐中開始寫「野火」，但是立即招來質問：為什麼只寫壞的？光明面為什麼不寫？人民很勤奮呀，政府很努力呀，社會很安定呀！為什麼一面倒？是「別有用心」嗎？

不錯，我是「別有用心」，像個病理學家一樣的別有用心。病理學家把帶菌的切片在顯微鏡下分析、研究，然後告訴你這半個肺如何如何的腐爛；你不會說：「奇怪，怎麼只談我壞的半邊肺？怎麼不誇——誇那好的一半？」

那麼，為什麼要求社會病理家談「光明面」呢？

再說，歌頌勤奮的人民、努力的政府、安定的社會的人還不夠多嗎？何必還需要我也加入？

你有影響力呀！讀者相信你。

這話說得何其天真。如果「野火」的作者有所謂的影響力，那純粹是因為他像隻烏鴉一樣不說悅耳的話；他怎麼可能在贏得「讀者相信」之後轉而加入喜鵲的行列？一個社會本來就該有許多不同的聲音，傳達不同的訊息；烏鴉和喜鵲各有所司。但是，如果報喜不報憂的喜鵲覺得自己缺乏信服力，牠就必須改變作風，開始說實話，而不是要求有「影響力」的烏鴉換套羽毛，唱喜鵲的歌。

也有人擔心地說：「野火」暴露出那麼多台灣的缺點，被敵人拿去做宣傳怎麼辦？不怎麼辦！只有頭腦簡單的人才不知道自我批評是一種自省自新的能力。當西德的布朗德[3]與美國的尼克森[4]鬧出舉世皆知的醜聞時，兩國人追究到底的態度贏得的是尊敬，不是輕視，我們的報紙喜歡興高采烈地報導大陸報紙所揭露的壞事，作為「你看他們多糟糕」的宣傳，而事實上，中共愈是容許醜事的揭發，批評的公布，愈表示他們觀念的進步，也就愈值得我們戒慎。

把自己的弱點暴露出來檢討，是優點，不是缺點。「野火」不需要描寫台灣社會的光明面，因為，我相信，「野火」的存在本身就是一個光明面的表現；表現台灣的制度能容忍批評，台灣的人民能自我反省；這是個有更新能力的社會。

讓別人拿《野火集》去做宣傳吧！

上一代，這一代，下一代

對這本書的兩極反應是另一個值得深思的現象。一方面，許多老師以它做教科書外的教科書，鼓勵學生討論並且寫讀後感；另一方面，有學生來信：「我們教官不准我們讀你的書，說龍應台汙染青年人的思想……」一方面，某些工商機構成百地訂書，送給員工閱讀；另一方面，有些特定的團體將「野火」明文列為禁書。許多讀者讚美作者為「真正愛民愛鄉、有良心的知識分子」，卻也有人說他是共匪。

白紙黑字一本書，為什麼出現兩種水火不容的讀法？

就讀者來信分析，對「野火」存恐懼之心的以年紀較長、度過軍旅生活的人較多，支持「野火」的則包括各個階層、職業，與教育水準，但仍舊以大學生和三、四十歲之間、受過大學教育的中產階級為主流。更年輕的，十來歲的中學生就有點迷惑：「國文老師要我們每個人都熟讀『野火』，可是昨天副刊又有篇文章說你偏激誤國，我應該相信誰呢？你是壞人還是好人？」

這樣一分，一條清楚的代溝就浮現了出來。由於「野火」的反應，我們也更明確地看出台灣是怎樣的一個轉型期的社會。

為了行文的方便，讓我用「上一代」、「這一代」這樣稍嫌以偏概全的名詞。對於「野火」所鼓吹開放、自由、獨立思考的觀念感覺恐慌的上一代大致有三種說法。「我們忠心耿耿追隨政府來台，政府就像父母一樣對我們有恩，」一位退伍軍官寫著，「你的書所傳播的根本就是反叛思想。」

這是第一種。把政府當父母，施政措施作恩德，批評視為「反叛」，流露出來的是根深柢固的封建意識。我們的民主歷練之淺，由此可見。

另外一種非常普遍的想法：怎麼可以鼓勵學生獨立思考、爭取權利？這不是鬧學潮嗎？大陸就是鬧學潮給搞丟了！

這個簡單的「歷史觀」犯了兩個根本的錯誤：第一，學生獨立思考、爭取權利並不等於鬧學潮；第二，當年大陸上的學潮是果，不是因。學潮不是從石頭裡無緣無故突然蹦出來的孫猴子，一定是先有政治上的病態，人心不滿鬱積到一個程度，爆發出來才有學潮。我們若要避免學潮的發生，就必須在政治上力求公正合理，而不是設法鎖住年輕人的頭腦。

第三種說法：我們這一代拋頭顱、灑熱血、挨餓受凍才贏得今天衣食溫飽的安定局面，你們這無知的下一代人在福中不知福，已經有了溫飽還大聲嚷嚷什麼自由、什麼人權……一個作家被關上一兩年就是大不了的事，哼，比起我們這一代所受的苦，被關幾年算什麼玩意兒？

大概有不少父母都跟子女說過這樣的話，帶著很大的說服力。它一則訴諸感情——我為你犧牲過，你要感恩；二則訴諸經驗的權威——我吃過苦，你沒有，所以我是對的，你是錯的。

就某些層面來說，他當然是對的。這一代應該對上一代充滿感恩之情。這垂垂老去的所謂上一代，曾經在兵荒馬亂之中緊緊摟著懷抱裡熟睡的嬰兒，曾經餓著肚子帶孩子去付醫藥費，曾經推著腳踏車沿路喊「機器饅頭」讓孩子繳學費，後來又曾經把薄薄的一疊退休金換取兒女留學的機票。這個上一代，把自己躺下來鋪成磚塊，讓我們這一代昂首闊步地踩過去，「衣食溫飽的安定」是上一代咬緊牙根拚了命才達到的終點，對這一代，那卻是個稀鬆平常的起點，感恩，當然應該。

可是，這一代的「大聲嚷嚷」並不是「人在福中不知福」。他已經有了衣食溫飽的福，現在大聲嚷嚷，追求的是另一種福，更高層次的福：民主、自由、人權……衣食溫飽的安定只是基本的出發點，這一代當然不能以此滿足；上一代如果認為這一代吃飽了、打個嗝，就該在安定中睡個午覺，那就太天真了。食物夠吃了，開始求烹飪的精緻；衣服夠穿了，開始求設計的美好；社會安定了，開始要求有所作為。物質的豐富與環境的安定都只是社會要進步的基礎條件而已。上一代奠定了這麼一個基礎，這一代或許就能建立一個開放自由、公理伸張的社會，作為下一代的基礎；而「人在福中不知福」的下一代繼續「大聲嚷嚷」，或許我們就有了真正偉大的思想家、藝術家、政治家的出現。

這一代站在新的起點上準備往前衝刺，要拉也拉不回來的。除非你扭斷他的胳膊。我們的社會若要和諧，這一代必須體諒上一代的經驗，心存感謝；上一代也必須交棒，放手讓這一代奔向一個不同的終點。這樣才可能避免那水火不容的兩極，也才可能回答更下一代的問題：「我應該相信誰？」

幸福沒有止境

市場裡的歐巴桑蹲在濕淋淋的地上剝玉米，為了湊足後生上大學的費用。她所關心的，或許是菠菜的收成與一斤幾毛的價錢，後生所關心的，就可能是如何爭取一個容許他獨立思考的環境。「野火」對歐巴桑沒有意義，對她的後生卻有意義，我們能夠盼望的是，有朝一日，後生的後生一出世就在一個衣食溫飽、自由開放的環境裡，他不需要經過掙扎奮鬥，就可以盡情盡性地發揮他所有的潛能。

幸福，沒有止境。《野火集》不過是一個追求幸福的吶喊！

十萬本，代表一個非常迫切的吶喊。

一九八六年四月二十四日《中國時報》

1 一九五七年文星書店蕭孟能創辦《文星》雜誌，早期標榜「文學的、生活的、藝術的」，一九五九年十一月起，編輯方針改為「思想的、生活的、藝術的」。一九六一年至一九六二年，與《孔孟月刊》展開中西文化論戰。一九六三年七月，李敖接任《文星》主編，論述主題擴及自由法治、社會教育等。一九六五年八月，遭警備總司令部以「為匪宣傳」為由查禁。

2 出自柏楊於一九八一年八月十六日在美國紐約孔子大廈的講題「中國人與醬缸」。講詞中提到，民族文化像長江大河，但腐物逐漸沉澱，使流水終成一潭死水，愈沉愈多，愈久愈腐，就成了一個醬缸。

3 威利・布朗德：Willy Brandt，一九一三—一九九二，德國政治家，一九六九至一九七四年任西德總理，一九七〇年訪問波蘭時，還在華沙的猶太殉難者紀念碑前下跪請罪，引起全球矚目，一九七一年獲諾貝爾和平獎。一九七四年因德間諜入侵事件下台，就任總理時的性醜聞亦隨之曝光。

4 尼克森：Richard Milhous Nixon，一九一三—一九九四，美國共和黨總統。一九七四年六月為競選連任，授權非法闖入民主黨在水門飯店的總部，並以總統特權下令掩蓋事件真相。同年八月辭職，是美國歷史上首位辭職的總統。

又是公假

這「公假」兩字，既沒有牛羊豬馬的鄉土氣息，也沒有殺姦擄掠的煽情刺激；它只是一張缺乏創意與想像力的小條子，上面蓋了七七八八的章，但是小條子的意旨非常清楚：我有比你這堂課更重要、更優先的事要這個學生去做！

什麼事比教授的講課討論還重要呢？

假使突然忘了自己身在何處，那麼學生缺課的藉口往往是最準確的指標。

「老師，下星期我要帶家裡的豬到德州去參加豬種競賽，不能來上課。」

「湯姆去比賽馴野牛，他今天趕不回來。」

「老師，我後天要幫家裡開收割機；收成季節到了。報告能不能延幾天？」

沒錯，這是堪薩斯，美國的黃金穀倉。學校四周有綿延不盡的麥田，牛馬漫步的草原，學校裡有這些與泥土青草很親近的農家子弟。

當皮膚黑得發亮、牛仔褲緊得要裂的約翰對我說：「教授，請原諒我昨天沒來；昨天在巴士上被兩個人莫名其妙打了一頓，我昏死過去，被人家送到醫院……」

我知道，我在紐約市。

金髮的茱莉說：「我本來可以趕上課的，但是在一二五街等火車的時候，有個人用刀子抵著我的腰，搶走了我的皮包──能不能給我補考？」

然後從委內瑞拉移民來的海蒂垂著頭說：「我明天不能來上課。明天是哥哥的葬禮；哥哥上星期在中央公園慢跑，被人用剃刀割了喉嚨……」

我仔細聽著，點點頭，但是不知道應該睜大眼睛表示震驚與同情，或沉著地不露聲色──這個海蒂，不是上個月才說她缺牙的老祖母被槍殺了嗎？上學期，她不是說做修女的妹妹被強暴了嗎？她們一家有多少人？她能缺課幾次？

當黑頭髮的學生在下面說：「林秀美不在，公假」的時候，我想：啊，回到了台灣！

這「公假」兩字，既沒有牛羊豬馬的鄉土氣息，也沒有殺姦擄掠的煽情刺激；它只是一張缺乏創意與想像力的小條子，上面蓋了七七八八的章，但是小條子的意旨非常清楚：我有比你這堂課更重要、更優先的事要這個學生去做！

什麼事比教授的講課討論還重要呢？

明晚校慶晚會，總務處要我去裝飾會場。

國慶大典，我們要去當服務員。

南非拳擊師協會來訪，縣政府要我們去招待七天。

青年團辦ＡＢＣ研習會，我要去受訓。

土魯共和國的土魯大學代表來訪，我們得去當翻譯。

有議員來演講，系所要我們停課去聽，人太少面子不好看……

這種「公假」整學期絡繹不絕，所幸每次、每個人所缺的課，大致不會超出幾個小時。就學生而言，跟同學借個筆記，與教授課外討論一下，倒也還彌補得過來。對教授而言，這不斷的公假卻是個不大不小的煩惱：我已經給全班考試了，卻因為這個學生「布置會場」去了，我必須費盡心思重新出一份不一樣的考題，還是安排額外的時間讓他補考；換句話說，總務處要「布置會場」，間接地就占用了教授私人的研究時間。

這也還是小事吧？可是有一天，一個陌生的臉孔突然冒了出來：「老師，我缺課兩個月，因為政府派我去友好訪問，剛剛回來──」

我不能不大吃一驚：一個學期總共不到四個月，缺了一半以上的課，他還能學到什麼？這個「公假」未免太神奇了一點。

於是，做教授的就面臨一個大難題，他應該挪出晚上看書、喝茶、聽音樂的時間來為這個學生補課嗎？這對教授不公平。那麼，因為這是「公假」，所以老師可以對學生要求降低一點，放一點水，好讓他期末過關？這對其他努力了整學期的學生不公平。好吧！公平論事，不管缺課多少，這名學生必須把所有的課業都彌補過來，通過所有大大小小的考試，評分標準也不打任何一點折扣——我大致可以肯定：這個學生非重修不可，因為課堂裡講的東西大部分不是一兩本教科書的白紙黑字所能涵蓋的，他沒有聽到，就不可能學到。可是，這對學生又公平了嗎？他本來是因為有特殊技藝才光榮地出國「友好訪問」，光榮的代價卻是重修的懲罰。

占用正課時間，派學生出去的機構又是什麼打算呢？要教授「犧牲小我」去補課嗎？希望教授在分數上「放水」嗎？還是算定了學生該重修呢？

「究竟是哪個機構安排的？」我好奇地問，心想八成是個不太懂得教學的部門——「教育部！」學生說。

在美國，常與教學「喧賓奪主」的「公假」通常不是政治義務，而是令美國人如癡如醉的明星球賽。每一學期都會有足球教練打電話來：「貴班的吉米要缺一星期課，因為球隊要到費城去比賽。」到了緊張的期末，緊張的籃球教練也來探問：「莫里生會不會及格？有沒有缺課太多？他英文非過不可，不過就不能當校隊，沒有他，校隊就完了……」

有一次，一位教練寫了封正式公函給英文系主任，要求系上批准名叫艾克的足球明星一禮拜請一小時英文課的「公假」。理由非常充分：第一，艾克是校隊靈魂，第二，校隊是學校的靈魂，每次球賽都為學校爭光、賺錢。第三，練球非常耗時，不得不占用正課時間。

英文系主任也回了一個公函，內容大致如下：

史密斯教練：來函敬悉。

您要求讓艾克請公假練球，應無問題，但本系亦有一相對請求。本系高材生威廉具學術及創作天才，本系擬推薦其為羅德創作獎學金得主，但該項獎學金亦要求有體育表現，而不幸威廉君四肢不全，且有突發性心臟病，經常發作。

為使威廉得到該項榮譽，本系想請您以威廉作為校隊中鋒，但因英文系課業沉重耗時，他勢必無法參加您所有的球場練習，請您准予他一星期請一次「公假」，好讓他專心寫作。

威廉是本系靈魂，若蒙合作，則艾克球員請「公假」事絕無問題。

英文系亞當教授

我們的初高中生常常被調去作「秀」：遊行、排字、在大太陽下立正聽講、跳大會舞、做大會操等等。大學生比較少作這種大型「秀」了，卻不斷地做個別的演出：招待、翻譯、受訓、導遊、國民外交，理直氣壯地取消正課。而且所謂「公假」條，並不是一封信徵詢教授是否學生可以缺那一堂課，而是一紙通知單告訴老師：這個學生我要了，他沒空上你的課。

我想，也該有人寫這樣一封信了：

某某長：

今早我班上有十位學生缺考，「公假」條上是您的簽字，原來明天學校要頒榮譽學位給圖圖主教，您需要學生去準備會場，排演儀式。

雖然為這十位學生我大概得在課外再講解一次課業，再出一份考題，再找一個適合十個人的補考時段，我卻深覺值得，因為頒獎給圖圖主教當然比教課重要。

在此我也有一個小小的請求。我的戲劇課正在排演法國沙特的《蒼蠅》一劇，需要幾十人演蒼蠅，苦於學生人數不夠，所以想借用貴處職員十位，利用上班時間，來英文系分別扮演紅頭及綠頭蒼蠅。排演時間大約每次兩小時，不知您能否給予您的職員這個小小的「公假」？

一九八五年十二月六日《中國時報》

天羅地網

信封，是用來裝信郵寄的，一翻過來，跳入眼裡就是「保我民族文化，還我民族自由」、「中國一定強」，我不知道寄張平信與中國一定強有什麼關係。餐廳，是讓人享受食物的地方，可是一面喝湯，一面就躲不過紅柱上的貼條：「注重食品安全，講究衛生習慣」，「大聲喧譁，擾人安寧」。

又有人在動腦筋了。

台北縣政府預備花五億零五百三十萬元的經費在觀音山、淡水河口建一個公園，一個石雕公園。

建公園總是好事吧？現代人的生活那麼緊張，活動的空間那麼侷促，一個公園，就像是讀一個冗長得上氣不接下氣的句子好不容易盼到的逗點。

不過，台北縣政府對這個計畫中的公園期待很高，它必須「糅合傳統藝術與現代風貌，又兼具文化、教育、休閒、娛樂的功能」。除此之外，它還要以「現代社會進步情況和優良傳統倫理道德為題材，表現傳統的石雕藝術，發揮美學教育的功能」（四月十四日《中國時報》地方版）。

這座公園真是任重道遠。裡頭的石雕不只要表現傳統手藝，還得宣揚現代台灣社會進步情況。對誰宣揚呢？當然大都是台北縣民，為什麼要宣揚呢？顯然是讓民眾了解「政府為你做了什麼」。如何宣揚呢？所謂社會進步情況，在台灣，那大致是指很硬、很大、水泥做的東西了：高速公路啦，飛機場啦，水壩啦，哦，別忘了核電廠，都是我們最驕傲的成就。八里鄉、五股鄉，大概沒見過世面的草地郎特別多，沒見過什麼高速公路與核電廠，不知道我們社會的進步情況，所以台北縣政府認為這個石雕公園可以擔負宣導的任務。拿塊大石頭，用人工一刀一刀刻出一個核電廠的模型來，就可以充分地「糅合傳統藝術與現代風貌」了。

可是且慢，這個公園還得發揚「優良傳統倫理道德」，我們的「優良傳統倫理道德」，積五千年之久，實在太多了，最重要的，或許是忠孝仁愛信義和平吧？這麼抽象的思想如何表達呢？缺乏藝術修養的我只能想出兩種方式；一是模擬，譬如說，將石頭刻出一個軍人敬禮的姿態，代表「忠」，刻兩個石頭一立一跪，代表「孝」等等。另一個方式比較簡單，乾脆把八個石塊刻出「忠孝仁愛信義和平」八字，一列排開，讓所有進出公園的人一抬眼就看見。這樣直接的教化對五股鄉的草地郎比較有效，但是有一個缺點，去遊訪的台北市民會以為這些石塊刻著路名。

又是現代社會進步情況，又是優良傳統倫理道德，這樣雙管齊下（「雙管齊下」的意思就是，兩根管子中裝滿了思想的飼料，往一個喉嚨同時灌下），觀音山下這個公園才可能達到計畫中的文化、教育、休閒、娛樂、美學等等多重功能，這些功能翻譯出來，就是國民小學牆上到處都寫著的「德智體群育樂」的標語。台北縣政府真正是面面俱到，一個公園同時也是教室、美術館、遊樂場、博物院，等著教化每一個踱入公園的人。

這種公園真令人不寒而慄。看看我們公園外的世界：道路，是讓人走的，可是有人覺得路也要發揮宣導教化的功能。於是我們走路時，眼睛還得忙碌地吸收知識；直的標語、橫的口號，像鞭子一樣抽打在眼睛上：尊師重道、消除髒亂、兩個孩子恰恰好……火車，是讓人乘坐從甲地到乙地的，可是一坐下來，眼睛才閉上，耳朵就開始受訓：我們要團結合作、自立自強、努力奮鬥、自新向上，我們要……信封，是用來裝信郵寄的，一翻過來，跳入眼裡的就是「保我民族文化，還我民族自由」、「中國一定強」，我不知道寄張平信與中國一定強有什麼關係。餐廳，是讓人享受食物的地方，可是一面喝湯，一面就躲不過紅柱上的貼條：「注重食品安全，講究衛生習慣」，「大聲喧譁，擾人安寧」。

或者，到淡水看看古蹟吧！進入中華民國一級古蹟的紅毛城，放眼看去，到處都是寫了字的牌子，不是介紹古蹟的解說，而是「禁止在此小便」！禁止在此小便？在紅毛城？這牌子或許是立給狗看的，但人的眼睛卻不得不看，而且看了之後很難忘記。

好，那麼到青翠的郊外走走吧！郊外沒有「寫」的汙染。看看遠山，啊，遠山上赫然有幾個巨大的字，由草木剪排而成，不是學校名稱就是偉人的名字。看山不是山，看水不是水。那麼看看近樹吧！近樹，被剪成魚，剪成鳥、兔、烏龜，反正就不是樹。那麼走到岩邊遠眺吧！岩邊有個水泥做的涼亭，鮮紅的亭柱上，有字：萬惡淫為首，百善孝為先。到空曠的海邊去吧，海邊應該只有水天無際。不，海邊有個花枝招展的小廟，廟柱上的文字要人及早覺醒，回頭是岸。

字字字字字字，為什麼沒有人抗議字的汙染，山不是山，水不是水，樹不是樹。山、水、樹，對於某些人，似乎都只是宣傳道德思想的工具。我們「教化」的過程開始得很早。上了幼稚園，要跟老師唱「哥哥爸爸真偉大……當兵笑哈哈」；當了小學生，慶祝兒童節的意思，就是站在苦熱的太陽底下聽校長演講「如何孝順父母」，換來一包糖果，包糖果的玻璃紙上印著「拯救大陸同胞」。中學以後，要對著國父遺像誦讀青年守則十二條；大學裡，作文題目永遠是「為學與做人」、「讀書與報國」。離開學校，以為飽受「教化」的頭腦可以休息一下了，沒想到，走路、坐火車、買信封、進餐廳，無處不是教條，無處不是字，霸道地將意義刺進疲倦的眼裡，種在已經沒有一寸空地的腦裡。連本來只有宇宙意義的山林草木都被刻意組排，加上人為的意識，作為宣傳的道具。

不留任何一點舒適的空間，充滿教條的生活環境像一張漫天漫地的巨網，劈頭罩下來，無處可躲。

於是又多了一個石雕公園。這一排石頭提醒你忠孝仁愛信義和平。上前拐個彎，一個大石碑刻滿了字，告訴你，你剛剛經過的那一排石頭解釋現代社會進步情況，另一排石頭提醒你優良傳統倫理道德，哦，你還遺漏了廁所前面那個石頭，刻著「禁止在此大小便」，廁所後面那排石雕告訴你這個公園耗資五億零五百三十萬元，由納稅人提供，目的在供給你德智體群育樂；這個石雕公園在教育你、美化你、喚醒你、提升你、文化你、改造你……

我所害怕的一個未來：窗外的杜鵑花排出「奮鬥」兩字，遠處的觀音山上出現一個大石碑，上面寫著「復興中華文化」。天空裡的白雲吹成字：見賢思齊。淡水的關渡橋樑釘上四個牌子：「飲水思源」。新興建築區飄上一個大氣球，氣球寫著「努力向上」。校園裡的草坪，由上俯視，排成一個「忠」字。後來，再加上一個擴音器，每個小時播送剛硬的女聲：我們要發揚……光大……

啊，是誰在製造這麼一個沒有逗點沒有留白沒有空間沒有思想自由緊得透不過氣來密得掙脫不掉使眼睛耳朵頭腦疲憊不堪天羅地網的環境？

給我們一個公園，一個沒有字、沒有意義、沒有教化，只有青草怒長的公園吧！

一九八六年五月十七日《自立晚報》

1 中正山，海拔六百四十六公尺，位於台北市北投區陽明山國家公園內，山頂有土地調查局圖根點基石，原名為彌陀山，又叫十八份山，因山坡植樹成「中正」字型，而改名為中正山。

弱國，你會說「不」嗎？

堅持說「不」，要有智慧，要有勇氣，也要有基本的節操。台灣的土地與生活在土地上的人，已經受到多年來閉著眼說「要」的毒害，讓我們學習說「不」吧！

收屍車已經堆得滿滿的，密密麻麻的蒼蠅黏在裸露的屍體上，太陽曬著。工人一把抓起拉吉夫的身體，在屍車上找了一個空隙，把拉吉夫的頭往下塞一塞，他的兩腳還是在車外；車子又發動了。

小小拉吉夫只有六歲，頭髮很黑，眼睛很亮，腿很細瘦。美國永備化學工廠洩氣，六歲的拉吉夫只是所謂第三世界國家的一個小孩，跟他一起曝屍街頭的還有幾千個印度人，老的少的男的女的。拉吉夫懷孕的母親，即將生下的孩子不會再有濃密的黑髮、明亮的眼睛。

弱國，有些什麼特徵？許多人會說：人口多、經濟落後、政治腐敗、社會不安、土地貧瘠等等，然後舉印度、菲律賓、烏拉圭……為例。但是，還有一個很重要的特徵：他不會說「不」。

先進國發展出「神蹟麥」、「神蹟米」，飢餓的弱國說：「要」，於是大量地引進，新品種很快地取代了傳統品種。「神蹟米」長得快、長得多，「綠色革命」使弱國充滿了希望，使強國充滿了成就感。

可是大地有它自己的平衡原則；任何一個種下的「因」，在短近或長遠的未來，都會結出一個「果」來。而這個「果」，對短見的人類而言，很可能是惡果。新的品種需要大量的化學肥料。一畝傳統田或許只需要三十磅的氮肥，一畝新品種卻不得不用兩倍到四倍的氮肥。另外，為了維持新品種的高產量，殺蟲劑的需要也急遽增加。記得ＤＤＴ嗎？一點點ＤＤＴ流入水中，不算什麼。但是水中有藻類，經過食物鏈的累積產生放大作用，由藻類而魚類，當那一點點ＤＤＴ滲進吃魚的鳥類中時，濃度已經達到七萬倍！因為體內高濃度的ＤＤＴ妨礙了鈣質的新陳代謝，蛋殼因而變薄，禁不起孵就破裂。許多鳥類因此沒有下一代。

同時，在母親的乳汁中出現了超過安全度的ＤＤＴ；鳥，失去了下一代，那麼我們的母親呢？

神蹟米需要化學肥料；當先進國的化學企業問是否能到印度設廠時，貧窮的弱國興奮地說「要」，小小拉吉夫的父親興高采烈地變成化學工廠的洗槽工人。毒氣外洩的那一晚，拉吉夫的父親就倒在槽邊。

先進國製造了嬰兒奶粉，但是自己國中的醫生勸導婦女拒用奶粉，於是奶粉企業「跨國」而到第三世界來推銷；弱國說：「要！」跨國公司買下廣告，告訴弱國消費者奶粉比母奶科學又高級。然後買通婦產科醫生，使醫生鼓勵婦女用奶粉育嬰。很有效率的，整個弱國的下一代都成為吃奶粉長大的下一代。

菸，不管科學證據是否絕對，基本上大部分人都相信它對人體有害。先進國的菸草企業需要廣大的草葉供應，問巴西是否需要外快；弱國說：「要！」於是一畝一畝的大樹被砍下，換上菸草。傳統的雜糧米麥，也被菸田取代。說「要」的結果呢？錢是賺了，但是非正式的調查指出，每烘焙三百根菸的菸草就是一株大樹的砍伐，樹的砍伐，對生態平衡造成潛伏的危機。潛伏的危機還不是看得見的危機。這些像王國一樣富強有勢的香菸企業，在自己先進國家中飽受約束，不准做電視廣告，一些比較守原則的刊物，譬如《紐約客》和《讀者文摘》，也拒絕刊登香菸的宣傳。香菸王國因而轉向第三世界。據一九七六年的調查，雷諾公司花了五百萬美元，買通了三十個國家的中小官吏，菲利普莫里斯公司則承認花了兩百四十萬美元用在七個國家的大小官吏身上。這些錢所買得的，是弱國一個大聲的「要」字。巴西的街頭、電視、廣播中，無處不是香菸廣告。生動的畫面，誘惑的訊息，很技巧地使中年人覺得吸菸代表社會地位，使青少年以為吸菸表示帥氣、成熟。愈來愈多的青少年開始染上菸癮。在土耳其，任何公共場所都是煙霧瀰漫，嬰兒與小孩在其中，也甘之若飴。

在經濟上，台灣已經不是弱國，但是，在說「不」的智慧上呢？每一年，我們已經向國外買進近三千萬美元的菸草。從今年八月開始，我們對先進國的香菸王國說「要」，就要進口一百億台幣的香菸。這個「要」，當然有它的理由。既然同是損害健康，我就看不出為什麼非要指定由公賣局來壟斷不可。但是，「要」了香菸之後，還有接著而來的問題：如果香菸王國要求公開做廣告呢？我們現在的回答是「不」，可是很令人不放心。如果他們也花五百萬美金來與我們的大官小官「溝通溝通」呢？錢，是不是會把「不」買成「要」？

堅持說「不」，要有智慧，要有勇氣，也要有基本的節操。台灣的土地與生活在土地上的人，已經受到多年來閉著眼說「要」的毒害，讓我們學習說「不」吧！

一九八六年六月三日《中國時報》

民主？理直氣壯罷了！

脫法行為頻繁，公權力低落，有一個更根本的原因：執法者與執政者同體。挑戰者脫法，因為他認為那個法是由執政者單方面訂定的，他沒有義務認同。執法者雖然有心執法，但是因為與執政者同體，執起法來就難免背上「迫害」的大帽子。為了避嫌，只好讓法律放個假。

很難得的，這兩天的國際大報以相當重要的版面報導了台灣的消息。而這一回，消息的內容不是陳文成「與劉宜良之死，或者李亞頻之逮捕，而是戒嚴法的取消與選舉的結果。國民黨的革新舉動在國際輿論上引起一陣刮目相看的反應。

在選舉競爭的吵吵鬧鬧中，忙碌的活動與激烈的爭執容易使人暫時忘記了活動與爭執的根本目的是什麼。我們的目的是民主吧？而且是裡外一致的、貨真價實的民主。走到台北的天橋上去，隨便拉住一個小市民來問問：究竟為什麼需要民主？他會說出什麼樣的話來呢？你不妨試試看。

作為一個中華民國的國民，我倒是很確切地知道為什麼要為實質的民主嘶喊。第一個理由：我要我的國家，以及代表我的政府，做個有尊嚴、受尊重的國家與政府。

多少年來，台灣的國際地位一直不高，大陸開放以來情況更壞。手邊一封寄自美國的讀者來信是個小小的見證：

「台灣的國際形象不斷地在下跌中。不斷發生的政治、經濟、社會各方面的事件，都是下跌的原因。今年八月十五日，洛杉磯電視台的一個電視節目 Nightline 播出了施明德的近況，並要求人們寫信給蔣總統表達對施的關切。而同時，對『中國』的報導則都是正面、肯定的：『中國』正繼續開放中，『中國』的經濟情況好轉，人民購買力增加，『中國』山明水秀、領導人英明……這些新聞節目擺在一起，給人什麼印象？而為什麼提到台灣的新聞就都是『鹿港居民示威抗議，政府出動警力』、『國民黨宣布公政會為非法組織，黨外誓不屈服』等等，使不了解情況的人以為台灣人民都生活在水深火熱之中？我們愛台灣的人看了這些節目都生氣，可是偏偏這些新聞又都是真的……」

西方的傳播界如何在有意無意間把台灣表現為一個高壓控制的社會，我在《野火集》中曾經舉實例說明。這些記者用的當然是個雙重標準：共產的大陸開放一點點，就值得大加讚美，基本上是民主的台灣出一點事，卻大加鞭笞。了解遠東的人，知道這是雙重標準在作祟；不了解遠東的人——大多數的西方人都是不了解遠東的人——卻因此而深深相信台灣是個警察國家。更糟的是，台灣對外自稱「自由中國」，於是在「極權」的惡名之上又加上「言行不一致」、「說謊」的惡名。一個言行不一致的個人不受人尊重，一個言行不一致的國家，當然也受不到國際間的尊重，就這麼簡單。

「台灣沒有那麼不自由！」許多人想抗議，尤其是海外的留學生，可是張開了喉嚨卻不敢把聲音發出來，因為任何人都可以指著戒嚴法，冷笑一聲，不發一語就贏得了一場辯論。

我們並不是為了討好國際輿論而致力於台灣的民主化，但是作為地球村的一分子，台灣需要別人的尊重。如果自稱是百分之百的「自由中國」而只做百分之五十的民主，剩下的百分之五十則用各種藉口去說它「不合國情」，台灣就不能理直氣壯地抗議別人的輕視。畢竟別人的尊重來自自重。

如果你在天橋上攔下我來，我會對你說：是的，我要實質的民主，因為我不願意別人輕蔑地說我的國家是個言行不一致的假民主，不願意有人瞧不起代表我的政府。當西方的電視台說台灣的政治迫害時，我希望能理直氣壯地抗議：嘿，老兄你搞錯了，咱們這兒沒有迫害這回事。我要的，是那份理直氣壯。

理由之二，我相信實質的民主可以給我一個理直氣壯的政府。

選舉期間，有人燒黨旗、破壞警車，有人打憲兵、蒐證人員，有人發黑函、毀謗造謠……一方面，「脫法」事件層出不窮，一方面，執法機構束手無策，造成所謂「法律假期」。候選人站在台上說：

「法令規定不可以遊行，所以我們不遊行。我們現在要『散步』到總統府去；只是散步，你們不要跟；不過你們要跟我也沒有法度，先跟你們講好……」

群眾哄然大笑，一兩千人的隊伍開始在市區「散步」起來。在那一聲哄然大笑中，法令的尊嚴、政府的威信，蕩然不存。

有心人於是紛紛在報章雜誌上討論如何維持政府的公權力，在我看來，這不應該是如何維持的手段問題，而是公權力本身的性質問題。所謂公權力不過是法令的約束力，當民眾拒絕受它約束而向它挑戰的時候，一個負責的執政者所亟需做的，不在於如何強硬地貫徹始終，而在於重新審視這個不斷受到挑戰的法令，應改則改，應廢則廢，否則，守著一個與現實脫節、與民意不合的法，執行，與人民起衝突；不執行，讓人民嘲笑，執行或不執行都做不到理直氣壯，等於是執法者拿石頭砸自己的大腳。多年來的戒嚴法就是個很好的例子。

有些人批評台灣政府管得太多，自由不夠，卻也有許多人反駁：誰說不夠？你看某某政論雜誌如何如何毀謗某某黨政要員，政府也沒管它，台灣簡直太自由了。

用脫法或犯法的行為來證明台灣有自由實在是很荒謬的。在一個正常的民主社會中，批評固然是國民的權利，毀謗卻是犯罪，以毀謗、打人、燒警車而不受制裁來證明我們是個民主社會，等於是打自己的耳光來證明自己健康。值得探討的是，為什麼執法者容許這麼多脫法的行為？簡單的問，為什麼該罰的不罰？

簡單的回答：因為不該罰的罰了。譬如言論自由，到現在為止，三〇年代的文學還在管禁之列，每年由不同的單位，以不同的標準而查禁的書刊也不知有多少，贏得箝制言論的惡名，但是面對社會強大的革新要求，又要維持民主形象，有些東西又不便或不敢取締，於是在取締與縱容之間，搖擺不定，造成「脫法就是自由」的怪現象。

譬如交通。在台北的外國人圈子裡曾經有過一種說法：台灣交通亂，原因之一是警察執法不嚴，而不嚴的原因，是因為人民在政治權利上已經受太多的束縛，如果警察再嚴格執法，會使台灣成為一個沒有出氣孔的壓力鍋，要爆炸的。所以交通亂，也是政府刻意容許的一種情緒的宣洩。

這個說法也許是胡說八道，你自己去判斷。不過如果它是對的，它就解釋了公權力不彰的部分原因：因為在不該嚴的地方嚴了（政治權利），所以在該嚴的地方（交通取締）就不嚴。

脫法行為頻繁，公權力低落，有一個更根本的原因：執法者與執政者同體。挑戰者脫法，因為他認為那個法是由執政者單方面訂定的，他沒有義務認同。執法者雖然有心執法，但是因為與執政者同體，執起法來就難免背上「迫害」的大帽子。為了避嫌，只好讓法律放個假。

如果你在天橋上拉住的行人剛好是我，我要告訴你：嘿，欠缺公權力的政府不能辦事呀！我要實質的民主，因為有了真正的民主，執政黨就不怕別人說它極權，說它迫害，反正一切依法行事。反對黨有最大的自由做最嚴格的批判，但一旦涉及造謠毀謗，執政黨可以不留情地反擊。人民有充分的自由生活，但一旦觸法，就要為自己的行為擔負後果。法律既然產生於全體的共識，執法者就有絕對的威信。

換句話說，我要一個理直氣壯的政府，不心虛、不愧疚、不道歉、不怕嫌疑；這樣的政府，只有實質的民主才可能產生。

戒嚴法的廢除，新黨的成立，將是台灣政治史上一個劃時代的突破。如果取而代之的法令不是換湯不換藥的「新戒嚴法」，台灣的「明天」或許真的「會更好」。立足點平等之後，有志氣的國民黨員就不再需要為自己占有特權而心虛、道歉，他可以理直氣壯地去和反對黨拚死鬥活，是贏是輸都沒有人敢輕蔑地說他作假。國民黨大刀闊斧的改革是一種追回自尊的表現。

許多中學的牆上有這樣幾個大字：「做一個堂堂正正的中國人」。寫字的人也許不會想到，事實上，只有在實質的民主制度中，我們的下一代才可能做「堂堂正正」的中國人，所謂「堂堂正正」，不過是理直氣壯罷了。他不必躲躲藏藏地讀禁書，不必畏畏縮縮地不敢說出對時事的看法，不必因為批評了學校當局而被記「暗」過，不必為了參與社會活動而被迫停刊，更不必奉唯唯諾諾為美德……你還要我說下去嗎？

一九八六年十二月十五日《中國時報》

1 陳文成，一九五〇年出生於台北林口，台大數學系研究所畢業後赴美攻讀博士學位，長期支持《美麗島》雜誌，積極參加人權組織。一九八一年五月返台，七月二日被警總帶走後，隔日被發現陳屍台大校園。死因至今不明。

我的台灣意識

「野火」出書之後第一次公開演講，在耕莘文教院。一圈又一圈的人擠得無法動彈，長龍排到馬路上去，很長很長，而事實上，外面的人整晚都擠不進廳裡。隱藏很久的「野火」作者終於要出來了。

從〈中國人，你為什麼不生氣〉到這一天，「野火」像一場作者與讀者的「密謀起事」，這是第一次兩造相會。我的心裡忐忑不安，覺得便衣警察在黑壓壓的人群中無所不在，在演講中，還真的麥克風突然中斷，大家面面相覷。當晚的講題，是一個在公開演講中太危險的禁忌——我要談「台灣意識」：

「我手中的小學社會課本一共有十二冊……綜觀這十二冊，我發覺台灣基本上被當作中國華南地區的一個省分來處理……真正專注於講解『台灣』的，在一千兩百頁中只有三十多頁！

「……我在這裡所迫切呼籲的，是不管今後政治走向如何，我們一定要開始建立『台灣意識』，簡單地說，全心全意地重視台灣……我們活生生的『生活環境』，台灣，絕對不能夠只是一千兩百頁之中的三十頁！

「要建立『台灣意識』，首先，教科書必須全面的改寫，告訴下一代，台灣不『僅只』是個復興基地，她也是個有歷史、有文化、有長久的未來，需要細心經營的『家』……我覺得政府和民間兩者都還沒有體認到『台灣意識』的缺乏是許多問題的癥結，也還沒有認識到『台灣意識』的建立是如何迫切的一個課題。我在民國七十五年八月的今晚提出建議：我們的教科書必須改寫，你想哪一年才可能實現呢？」

物換星移，權力換手，台灣「民主」了。一九九九年回到台北，站在台北議會的質詢台上，我被民進黨議員高聲指控為「不是台灣人」。二〇〇二年有一次在市政府一個電梯裡，碰見一群怒氣沖沖的人，看見我，劈頭就說：「大中國主義者，滾啦！」

今晚所要談的，是在台灣生活了這三年之後，就一個關心台灣、認同台灣的知識分子的角度，在我臨別前夕做的一番回顧與整理，用「困境」的方式表達出來。我認為台灣現在面臨著兩個比較根本、比較嚴重的困境。這第一個，我稱它為「獨立思考的困境」，第二個，是「文化的困境」。

台灣的知識界喊「獨立思考的重要」喊了幾十年。我自己這一兩年的寫作，不管是《野火集》或「評小說」，都在不斷的用各種方式來呼籲獨立思考的必要。於是有讀者問：「獨立思考？從哪裡開始？」

這個問題看起來簡單，其實牽涉太大了。但是先讓我離題一下。

一九六五年，日本前東京大學教授，一個叫家永三郎[1]的，對日本政府提出控訴，原因是他所寫的日本史教科書有某些歷史詮釋與「國策」不合，不為文部省所接受。家永認為日本政府侵害了學術的自由，違背學者的良心。這場訴訟經過一審二審，有勝有敗，持續了二十一年之久。

家永的訴訟案在台灣沒有引起注意；引起注意的是一九八二年的教科書刪改事件。為了迎合政府的喜惡，教科書的編者們紛紛把「侵略」改成「進出」，把「南京大屠殺」事件加上一個莫須有的問號，表示它可能根本不曾發生過。中國人才生起氣來，對日本政府提出抗議。

家永的立論是，一個政權或政府，沒有權力操縱人民的思想教育內容。這種立論有它的歷史背景。戰前的日本，跟目前的台灣一樣，所有的教科書都由國家統一編製，也就是說，由政府來決定學童應該接受怎樣的一套意識型態的灌輸。這種做法潛伏著巨大的危險，我們中國人是身受其害的。有一個流傳的故事：一個日本老師拿了個大蘋果給學童看，問他們「好不好吃？」天真的學生說「好吃」；好吃的話到哪裡去拿？中國的滿洲。在這裡，教育成為執政者的工具，將侵略意識潛移默化地種在下一代的心裡。（這個流傳的小故事當然是中國老師講給中國孩子聽的，以求達到另一種目的。）

把教育作為一種政治手段，就是家永一類的學者所懼怕的，他們害怕歷史的大悲劇重演。戰後的日本和多數歐美國家一樣，教科書由民間自行編製，政府只能審核品質，但是不能操縱它的內容。這種做法的目的，當然在避免一個政府有計畫、有系統地製造易於統治的順民。

受過日本人迫害的中國人慶幸日本教科書不再由他們的政府控制，也對家永這樣敢為良知與真相而與政府對抗的學者大大加以讚美。嘿，可是我們的觀察不能到此為止吧？家永三郎所爭取的，是日本學童探求真相、獨立思考的權利，我們應該逼問自己的是：我們的孩子有沒有這樣的權利？台灣有沒有自己的家永三郎？容不容許這樣的人存在？當我們的學者對歷史的詮釋與政治權威不合時，他有沒有「奮鬥」的可能？

有意圖的意識型態灌輸是不是只發生在不開放的社會中呢？一位美國教師到俄國旅遊了一趟。回來之後在教室裡放幻燈片給孩子們看，有一張幻燈片是莫斯科的街景：寬大的街道，夾在兩排美麗的大樹之中。老師隨性地問：「說說看，為什麼種了樹？」

孩子爭先恐後地舉手回答：「樹裡頭有間諜！」「葉子裡可以放竊聽器！」「樹幹後面有幹部可以監視人民。」

做老師的當場嚇了一跳，回家之後開始思索一個問題：一張非常單純的照片，為什麼這樣稚齡的孩子會有那樣「政治化」的想法？

第二天，他又放了一張幻燈片，芝加哥的街景：寬大的街道，夾在兩排美麗的大樹之中。他問孩子：為什麼路邊要種樹？孩子們搶著回答：乘涼，美化市容，空氣新鮮，結水果，玩「躲貓貓」……這位老師因此寫了篇文章，對美國社會中的教育與資訊是否真的免於操縱和灌輸表示深切的懷疑。

好了，這就回到了我原來的主題：獨立思考。當大環境中的教育管道、資訊內容都受到控制與操縱的時候，獨立思考實在是非常、非常困難的。思索「獨立思考從哪裡開始」的時候，我找來了台灣小學的社會課本，想看看我們的孩子究竟在學些什麼。

隨手一翻，就看到這樣一個題目：「大有為的政府」。內容，不必說諸位也知道的。可是天哪，這哪能算「教育」呢？這是純粹的宣傳，而宣傳的對象是我們七、八歲的孩子！有許多人不滿意政府在外交、環境，及教育各方面的表現，同時有許多人認為台灣豐衣足食、教育普及的局面歸功於這個「大有為」的政府。但這並不是問題的重點；不管我們的現任政府有為不有為，教科書中都不應該出現「大有為的政府」這種塑造意識型態、製造順民的題目。如果教育者有良心給我們的下一代獨立思考的餘地，這一課的題目就至少必須改為：「怎樣才是一個大有為的政府？」把評鑑政府作為的標準列出來，讓孩子自己去下結論。

可是，訴諸於教育者的「良心」是個治標不治本，不是辦法的辦法。只要編製教科書的權利壟斷在政府的手中，哪一個政府捨得放棄「製造共識」的大好機會？根本的辦法，是效法先進國家把編製教科書的權利交給民間學者。可是你說，如果民間學者存心討好，也寫出「大有為的政府」這種課文呢？如果教育部在審核過程中只核准那些有「大有為政府」一類課文的教科書呢？如果學童的父母其實根本不在乎孩子接受什麼樣的思想教育呢？

你這樣假設，我只能說：如果台灣的學者存心討好當權而出賣良知，如果政府本身毫無意圖讓民主思想落實，如果中國的父母並不在乎下一代是否有獨立思考的自由與能力，那台灣是「原始」得很，獨立思考不說也罷。

可是台灣不是這樣的。我們有耿直遠識的知識分子，有在乎形象、力圖革新的執政者，更有廣大的中產階級，已經為人父母，非常強烈地渴望他們自己與下一代有獨立思考的空間。一方面是這種強烈的渴望，一方面，幾十年來在社會各個角落，在人心深處，所埋伏下的意識型態的重重關卡暗樁，很不容易拆除；教科書只是重重關卡中的一個。

思想的關卡暗樁不拆除，台灣就難有根本的、實質的進步，這是困境之一。

第二個困境，我稱它作文化的精神分裂。

近一年來，我們的觀光局在發警報：來台灣的觀光客愈來愈少，很多人都被大陸吸引去了。於是專家們分析原因，譬如出入境限制太嚴格，不方便；台灣宣傳不夠；台灣環境太髒亂等等。這些當然都是重要的因素。可是，就我對西方人的了解而言，旅客捨台灣而就大陸還有一個很根本的原因，那就是，台灣沒有文化特色可言。

怎麼說呢？我們對外的宣傳是：中國文化在台灣，要看中國到台灣來，換句話說，以「中國」作為號召的旗幟。大陸沒有開放以前，這還行得通，開放以後就不行了。觀光客要憑弔孔夫子的出生地、杜甫的草廬、岳飛的墳墓……這些，台灣有嗎？沒有。觀光客要瞻仰聞名已久的揚子江、黃河、泰山、西湖；這些，也不在台灣。觀光客憑什麼要到台灣來找尋「中國」呢？

可是台灣不是沒有她自己的東西：作為一個亞熱帶的島嶼，她有高山森林，有海洋礁溪；她有台灣本土的與山地同胞的文化；她的半民主與經濟的富裕也構成一個獨特的現代中國景觀。問題是，台灣本身所具有的這些特色，我們根本不去提；我們一心一意強調的，是台灣如何如何的「中國」——從外人的角度來看，就像個幌子。有的說沒有；沒有的說有。

這個問題在我自己的成長過程中也構成一個難題。我在台灣南部長大。通常一班六十個小學生當中，只有一個外省小孩；就是我。我所面對的，是台灣的語言、台灣的山川土地、台灣的生活方式，可是身受的教育又時時在耳提面命：我所面對的，都是次等的、暫時的，這裡不是我的家。台語是鄙俗的，歌仔戲是下流的，台灣歌沒有格調，拜拜是迷信……說著一口標準國語的我，心裡有一種優越感——「我」，不屬於台灣的「次等」文化。

在這種優越感中長大；一九七九年我在紐約，遇見一位剛從湖南出來的人。他從長沙搭火車經過廣州，再從香港來美。帶著濃重的鄉音，他談湖南的湘江、鄉下的茶油樹、辣椒山；然後問我：「你是哪裡人？」

我愣住了。我能告訴他我是湖南人嗎？不能，我不會說湖南話，對湖南也一無所知。那麼應該對他說我是台灣人嗎？一瞬之間我又深切地感覺到自己的貧乏：不曾哼一句台灣歌，沒看過一場歌仔戲，從來不曾在廟裡上過一次香，不知道廖添丁是什麼東西——一直視台灣為次等文化的我，現在又怎麼能說自己是「台灣」人呢？

紐約的經驗給我很大的震撼，發覺自己是那樣一個無根的人，而無根的原因在於我身受的教育：是我的，我不承認；不是我的，我假裝是。結果，卻是什麼都沒有。我說「文化上的精神分裂」，就是這個意思。

那麼世居台灣的所謂本省人，是不是就比我「有根」呢？也不見得。淡水有個紅毛城[2]，但是你去問淡水的居民那個紅毛城到底是個什麼意思，恐怕十個有八個說不出所以然來。只知道那邊有個土紅色的城牆，上面掛著一面國旗，外面有很多攤販賣淡水「鐵蛋」。進入城裡的話，你會看見裡頭有些桌子椅子，但是沒有任何說明。（現在不曉得是不是改了?!）唯一的「說明」是很多很多木牌子，上面寫著「禁止在此小便」！我真覺得納悶：是真的有那麼多人在那麼多角落裡做那件事嗎？怎麼這麼多牌子？

台南的億載金城[3]旁邊要建一個迪士尼樂園，案子送到台南市長那兒，居然也通過了。陳奇祿[4]先生表示很傷心。但是台南市的老百姓是否傷心呢？大概十個中又有八個根本不知道億載金城是個什麼東西。

所以對我們生活環境蔑視、忽視的，還不只我這個自認為不屬於這裡的「外省孩子」而已。幾百年來在這生生世世的人似乎對台灣本地的傳統也漫不經心。在這裡，我們又要追根究柢了。

我手中的小學社會課本一共有十二冊，每冊平均一百頁，總共是一千兩百頁左右。社會課本開宗明義地指出兩個宗旨，一是讓我們的下一代了解中國的歷史淵源，二是使他們了解我們的「生活環境」。綜觀這十二冊，我發覺台灣基本上被當作中國華南地區的一個省分來處理，它所占的比例可想而知。真正專注於講解「台灣」的，在一千兩百頁中只有三十多頁！如果整個十二冊的宗旨在讓孩子們了解他的「生活環境」，為什麼這個「生活環境」只占四十分之一呢？

而這寶貴的三十多頁又是怎樣地來描寫台灣呢？它所強調的主題是：台灣是復興基地。讓我們推敲一下「復興基地」是什麼意思。

它基本上有兩重的含義：第一，它是軍事的，也就是說，買戰鬥機比建精神療養院重要。第二，它是暫時的，只是一個「基地」而已，不是安身立命生於斯死於斯的家園。

台灣，就是這樣一個地方；我們的社會課本這樣教我們的孩子。怎麼能怪我這個「外省孩子」不把台灣當回事呢？怎麼能怪淡水的居民不了解台灣呢？

談到這裡，我大概已經碰到了敏感地帶，讓我做一下說明。台灣在政治上何去何從，不是我談話的主題；我不懂政治，沒有資格在大眾傳播上發言。我在這裡所迫切呼籲的，是不管今後政治走向如何，我們一定要開始建立「台灣意識」，簡單的說，全心全意地重視台灣。了解我們的歷史淵源固然重要——我們都是驕傲自尊的中國人，可是我們活生生的「生活環境」，台灣，絕對不能夠只是一千兩百頁之中的三十頁！

要建立「台灣意識」，首先，教科書必須全面的改寫，告訴下一代台灣不「僅只」是個復興基地，她也是個有歷史、有文化、有長久的未來，需要細心經營的「家」。歷史老師不只告訴孩子們玄武門事變與黃花岡七十二烈士，還要帶著小學生去看卑南遺物，走草嶺古道。地理老師不只告訴孩子們青海高原的氣候如何，更重要的是領孩子們坐阿里山的小火車，觀察在哪一個氣候帶有哪一種植物。講解宗教時，老師不僅只談書本上的儒道釋，他還要帶孩子們到廟裡去，在香煙裊裊中告訴孩子們媽祖、土地公、七爺八爺、城隍爺，究竟是怎麼回事。

「台灣意識」要這樣從根植起，讓它慢慢發芽、長大，在台灣這塊土地上生活的人——沒有外省本省的分別——才可能建立起有特色、有實質的受全體認同的文化。目前的狀況是，大陸的文化我們帶不過來，帶過來的也是零碎的、斷層的；眼前的文化，好像又不願意認同，在這種前後不接的空虛狀態之下，西方的強勢文化，還有日本文化，很容易就可以席捲台灣。最近很多人對日本「原宿」次文化的侵襲表示著急擔心，我在暗笑：台灣受美國文化腐蝕有多麼深，再加上個日本文化，有什麼好大驚小怪的？難道受日本文化侵略不可以，受美國文化全面占領卻理所當然？

重要的不在於如何武裝自己，排斥外來文化的侵略，如果台灣本身有一個扎實的文化體，它自然會從容不迫地面對外來的衝擊，加以挑選淘汰。沒有一個扎實自足的文化，衝擊一來就頭昏眼花，無所適從。然而扎實的文化從哪裡來呢？最迫切的就是必須突破我所說「文化精神分裂」的困境，大大地張開眼睛重新認識台灣這個「生活環境」，承認它，肯定它，擁抱它。

在建立「台灣意識」這個方向上，政府其實已經有了起步。身分證上加上「出生地」是個小小的動作，卻有重大的意義。台北市地鐵的興建，也是一個眼光長遠的投資。最重要的，當然是保護生態環境的百年大計。這些起步雖然嫌晚，總比沒有好。不過起步也只是起步而已，離真正問題的解決還遙遠得很。我覺得政府和民間兩者都還沒有體認到「台灣意識」的缺乏是許多問題的癥結，也還沒有體認到「台灣意識」的建立是如何迫切的一個課題。我在一九八六年八月的今晚提出建議：我們的教科書必須改寫，你想哪一年才可能實現呢？

今晚所談的兩個困境——「獨立思考的困境」與「文化精神分裂的困境」——都因為有政治意識的糾結而不太有「攤開來、大家談」的機會。一談到獨立思考，馬上有人叫「學潮」、「動亂」，像喊「火災！火災」一樣。「台灣意識」又可能被解釋為「台灣獨立」，比「火災」還要可怕。讓我們有一點硬碰硬、面對問題的勇氣吧！獨立思考不是毒蛇猛獸，它是一個民族的生機，沒有那個能力，一個社會只能原地踏步。至於「台灣意識」，在有人急著給我戴頂大帽子之前，讓我念一段「野火」的片段：

我不知道誰視台灣為家。有人依依不捨地回顧過去的大陸，有人拿著綠卡飛向未來的大陸，有更多的人不想過去，不想將來，也不知珍惜現在腳下的泥土。我是個要浪跡天涯的人，但是深切知道，即使穿著涼鞋的腳踩在土耳其的石板路上，別人問「客從哪裡來」時，我只有一個答案：不是湖南，不是紐約，不是慕尼黑。家，可以暫時揮別，可以離棄，可以忘懷，但家，永遠還是那麼一個。四十年後的台灣，有想走而走不掉的人，有可以走而不走的人，也有一心一意在這兒今生今世的人；不管哪一種，只要他把這裡當「家」——心甘情願也罷，迫不得已也罷——只要他把這裡當「家」，這個地方就會受到關愛、耕耘、培養。怕的是，過了四十年仍舊不把這兒當家，這個家才會破落。

我的「台灣意識」，不過如此。

在臨別的今天晚上，你或許要問我：對台灣有什麼樣的夢想？

有的。

今天晚上，站在這裡說話，我心裡懷著深深的恐懼，害怕今晚的言詞帶來什麼「後果」。我的夢想是：希望中國人的下一代，可以在任何一個晚上，站在任何一個地方，說出心裡想說的話而心中沒有任何恐懼。我們這一代人所做的種種努力，也不過是寄望我們的下一代將有「免於恐懼的自由」。

這是我今天晚上最後一句話。非常感謝你的聆聽。

一九八六年八月十一日晚，台北

1 家永三郎：一九一三—二〇〇二，日本史學家，反對軍國主義。他認為應將日本在二次大戰時的暴行寫進歷史教科書內，一九六二年至一九九七年間，家永三郎先後三次以日本政府為被告提出教科書訴訟。

2 紅毛城：位於新北市淡水區，一六四四年荷蘭人在西班牙人遺下的聖多明哥城原址附近興建的城堡，古名「聖安東尼堡」。當時台灣人稱荷蘭人為「紅毛」，因此「紅毛城」之名也沿用至今。

3 億載金城：正式名稱為「二鯤鯓砲臺」，位於台南市安平區。清同治十三年（一八七四年），由欽差大臣沈葆楨聘請法國工程師帛爾陀及魯富設計的砲臺，於一八七六年完工。

4 陳奇祿：一九二三—二〇一四，人類學者，中央研究院院士，國立台灣大學名譽教授，首任行政院文化建設委員會主任委員（一九八一—一九八八）。

野火二十年

收錄二〇〇五年《野火集：二十週年紀念版》，
海內外文化人、學者共同的野火記憶

天真女俠龍應台
——走過野火時代

楊澤

一九八四年，小紅帽闖入野狼昏昏欲睡的森林

二十年前寫《野火集》的那人，並不是野狼，而是小紅帽。

二十年前的冬天，《野火集》出版，在台灣暢銷大賣，二十一天內再版二十四次，盛況空前，讀者反應熱烈，遍及各階層，尤其對學運世代前後的五年級有深刻影響，據說後來儼然成了人手一本的學運指南或社運手冊，幾乎每個家庭都可以找到那麼一本，反正不是兄姊，就是弟妹中的某個人買回來的，普及程度有如當年許多家庭必備的「培梅食譜」。

過完年的春天，龍應台跑來紐約，一心想赴聯合國總部「朝聖」，會會那些她心儀已久的保釣健將，劉大任、郭松棻等人，由當時任人間副刊海外聯絡人的我充當地陪。

我已經記不得當時大家都聊了什麼，獨獨對龍一面之緣的印象，十分鮮活。記得這個身軀瘦弱的龍應台，蒼蒼白白，憂憂鬱鬱的，一副純真無邪模樣的文藝少女，卻滿滿的憂國憂民情懷，相較於那幾位，幾乎也是整整二十年之前，在《中央日報》頭版被冠上「匪」字號的左派大哥們，她時而沉思，時而怔忡的神情，似乎不清楚，或者根本不知道自己做了什麼，像個闖了大禍的小女生那般。

那是解嚴前兩年，龍應台剛剛三十出頭。戰後台灣社會，累積多年對體制不滿的能量，暗潮洶湧的批判聲浪，隨著龍應台引燃的這把野火，迅速竄燒，這樣的一把野火，這樣一個鏗鏘有力的聲音，質疑叩問，那扇外強中乾的舊體制大門，也就這樣應聲倒下。只是，與其說龍應台英勇，或者，如楊照後來形容她「憨膽」，倒不如說「天將降大任於斯人也」，歷史硬生生的把那把火炬，那把屠龍刀，塞到她手中（英文的說法，Some have greatness thrust upon them），她也就上了台，貼切地演出屠龍勇士的角色。她其實更像是小紅帽，意外地闖入野狼昏昏欲睡的森林。

龍應台是吃了強身、多吃無害的「正氣散」

龍應台的野火照亮了什麼？哲學家康德說，啟蒙是走出不成熟的狀態，勇於求知。《野火集》，無庸置疑，正是這樣一本為解嚴做準備、引領整個社會進入全民民主時代的啟蒙書。這本書照亮我們的不成熟、尚待啟蒙的狀態，更重要的是，掀起戰後台灣新一波的「啟蒙運動」。然而，我們不禁要問，為什麼是龍應台？為什麼是《野火集》？相較於上一波，從魯迅到賴和、李敖到柏楊的舊啟蒙，這一波又有何不同，可以產生如此強大的效果，如此深廣的回響和共鳴？

今天回頭看來，不論是魯迅的野草風、匕首風雜文，或者李敖的《傳統下的獨白》，都不脫傳統文人作風。這些早期的啟蒙英雄，我們可以權且稱之為「刺客型」文化批評家，他們對中國歷史有種根深柢固，近乎非理性的迷執；由於對封建體制，所謂「吃人的禮教」，存著「必欲毀之而後快」的怨懟心態，他們是復仇的人，踩踏著哈姆雷特式的獨白步伐，到頭來，空留復仇不成的淒涼和孤獨形象，以悲劇收場。敢冒各種反傳統、反群眾的大不韙小不韙，他們更是「放屁的人」，窮酸惡臭，如一士之諤諤般大鳴大放，最終，卻只讓他們成了自吹自擂、乏人搭理的憂鬱白衣小丑（Pierrot）。歷史的冷酷，群眾的無情，可見一斑。

如果說，前人的悲劇（坐牢、書被禁）是「刺客型」文化批評家的宿命，龍應台乃是一則歷史的童話或牧歌。龍應台她其實一點也不野，《野火集》的野乃是「禮失求諸野」。作為一個喝過洋墨水的自由派作家，龍應台不可能像傳統文人那樣唱高調，築起一道與世隔絕的高牆。貧困的出身，加上以勞動階級為主的生長環境，讓她更像是野地的稗子，具有十分務實的性格，立論處處充滿「卑之無甚高論」的合理性與現實感。相較於前人自我放逐，反體制的游擊戰略，龍應台一開始就站在歷史的亮處，置身群眾中間搖旗吶喊，很自然地融入代表全民心聲的合唱曲中。如果，前人擅長以毒攻毒，如化膿劑般，奮力將癰疽趕盡殺絕，龍應台則是一帖正直中和的正氣散，吃了強身，多吃也無害。

雖然立意燒掉舊框架，龍應台對體制的態度乃是溫和的、改良派的。在當年廣受矚目的「中國人你為什麼不生氣」、「大學生你為什麼不鬧事」系列文章裡，她的筆調，一點也不辛辣刻薄，反而娓娓道來，輕易地在理性和感性之間取得平衡，展現一股沛然莫之能禦的說服力與來自民間的浩然正氣。龍應台是一個新時代的文化批評家，但，她也自期、自許是一個具有高度倫理反省力的自由人與現代公民，在她的字典裡，公與私，男與女，上一代與下一代，情與理，傳統與現代，文言與白話，並不是截然二分的。她不怕有人說體制壞話、說傳統壞話，只怕大家不說話；她不怕自己或別人到處搧風點火，就怕「只許州官放火，不許百姓點燈」。

野火於今看來正是當年的一個部落格

《野火集》現象說明了，小不是重點，以小可以搏大，小紅帽可以棒打大野狼，小市民可以力挑大特權。不少人今天批評龍應台是大論述（sic，其實是「大敘述」），回到當年，龍不過是——挪用今天的網路詞彙——一個小小的「個人新聞台」，一個無權無勢的部落格，因為敢怒敢言、敢罵敢衝，一旦有了人間副刊的平台，馬上紅遍台灣。

仔細思索起來，我們仍感不解，忍不住要再問一遍：一名沒沒無聞的歸國學人，一位與主流文壇無涉的新人，一個看似無所掛搭的孤立個體，何以能撼動廣大群眾？歷史的偶然如何變成必然？這位在赤貧的高雄茄萣鄉生長，在純樸的成大校園作夢，充滿理想主義情懷的文藝少女，何以能擁有宛如少女漫畫般的「變身」魔力，在一瞬間蘊生巨大能量，把眾人連結在一起？正氣散、運氣散云云，又如何變成眾人借助練功的丹藥？

毫無疑問，龍應台的成功，時代的風雲際會，乃是建立在戰後中產階級的成熟，以及，相對應的，此一階級的渴望在台灣社會當家作主。然而，真正將她和眾人的生活串連起來的，不如說是龍應台的草根性格，激發了當年大小市民的公民意識，也就是說，正氣散的藥效即在於，催化台灣人潛在的公民精神，讓家國情懷、鄉土情懷以及個體價值和尊嚴，緊密扣合在一起。

龍應台的《野火集》，借用現代廣告商的辭彙，因此是屬於眾人的。龍應台一直就是個「說故事的人」，她的文章夾敘夾議，饒富傳統的說理訓示，卻從不見艱澀聱牙的論述援引，有的只是一篇篇攙雜作者與周遭眾人生活經驗的故事。透過這種說故事的方式，龍應台將她在歐美社會生活過的公民經驗，拿來和台灣市井小民的本土經驗做溝通，為民間社會和西方公民社會搭起了一座橋，把那些當年台灣社會亟需的、嶄新的理念價值和形式，通過她的故事、人物，傳達出來。

龍氏正氣散的成功乃是一個奇妙的啟示：批判體制就一定得反傳統嗎？鄉土情懷、家國情懷之外，如就文體看來，龍應台的言說策略，其實和傳統民間藝人的敘述技藝相仿，像是行走江湖、落地說唱的說書人，或者，早年扭開AM頻道，一邊講古一邊賣藥的廣播主持人；只是，新式說書人龍應台，說的是現代警世寓言，賣的是正氣運功散。

盜火的玉嬌龍

這二十年下來，龍應台可以算是中文世界，一個不大不小的文化奇觀，她所搭建的思想橋梁，讓菁英與大眾、民間社會與文人傳統、東方與西方、古典與現代，有史以來，從未這麼大規模地串聯在一起。純真如她、天真如她，宛如一名行俠仗義的女俠，在華人世界到處路見不平，「放火」相助，就這樣，一路從上海、新加坡，到香港、廣州；從去年「三一九事件」，當台灣的民主價值被質疑的時候，她挺身為台灣民主辯護，到今年連宋先後訪問大陸，她在北京《中國青年報》發表〈你不能不知道的台灣〉，幾天內，數百萬人次的網上點閱，大力放送對岸嚴防的台灣意識與台灣價值，讓老共拿她沒轍，整個華文世界儼然已成了一個擴大的現代江湖。俠女龍應台算得上是某種程度的玉嬌龍，雖然不諳武功，無法輕身一縱、飛天走地，或者刀光劍影，殺得敵人落花流水，但同為女人，她們的天真，教人無從防備，放火絕招一出，往往出其不意、讓人措手不及。

進一步探究，我們發現，其實台灣就是龍大俠的練功房，她紮馬步的場地，她在這裡開創一個可逕稱之為「野火時代」的東西，而所謂的台灣經驗，不正就是她研發成功的獨門招式。雖然「台灣經驗」的價值比上不足，比下有餘，比不上西方的文明民主社會，不過相對於封閉落後的華人社群，益加顯得彌足珍貴。自任為台灣經驗的代言人，龍應台透過各種形式的寫作與演講行動，不斷地輸出台灣經驗和民主價值，一旦台灣價值受到質疑受到輕視（例如成龍說台灣的民主政治是個笑話），龍應台就必須跳出來抗辯，為台灣講話。

龍女俠放火的絕招究竟出自哪一本祕冊寶典？希臘神話中，普羅米修斯盜火給人類，進而推動人類文明的發展，從這角度看來，龍應台的「野火」，大抵是承繼盜火者的啟蒙角色，將她在西方世界盜來的火種，帶回家鄉。五四以來，這些前前後後到外地遊學的人，像龍應台一樣真正航過海，在國外闖蕩，然後回到本土，關注自己的使命，企圖將第一手西方生活經驗的視野，和本地傳統做溝通的「水手型」作家學者，大有人在；難得的是龍女俠洞燭機先，匠心獨運，在她的創意研發之下，源自異域「以夷變華」的野火與本鄉本土「禮失求諸野」的野火居然能匯成一爐，照亮了華文世界的廢墟。可惜的是，他們的隊伍當中也混入了不少，或許可以稱之為「海盜型」的文化買辦，這些人關注的是，別人有什麼財寶、有什麼祕笈，可以現買現賣，因為常搬來許多炫人耳目的理論，實際上卻對西方文化缺乏內在的理解，更根本的還是，他們喪失了自己的記憶與經驗，也就不可能真正認識西方。但，這也許是長期以來無法破除的宿命，就像過去台灣被認為是海盜國家的典型，如今說穿了，大家往往也還只是在做仿冒代工的工作，拿西方世界的財富來當自己的飯碗，並無法進一步提升自己。

再度放火，《面對大海的時候》引發論戰

過去，台灣所創造的經濟奇蹟，亞洲四小龍的耀眼地位，一度讓我們感到相當自滿，我們因此可以自豪的說，龍應台是台灣文化輸出的驕傲。然而，曾幾何時，跨越千禧年，進入二十一世紀後的短短四、五年間，台灣的「成功故事」卻如夢幻泡影般迅速地褪了色。曾經，最讓眾人志得意滿的台灣價值，現在回頭看來，變成一場可疑的歷史大戲；曾經，我們以為掌握，最進步的現代和後現代論述，如今紛紛宣告破產，思想像整個被掏空了一般。「野火時代」大力標榜全民民主、全民發聲的年代的到來，強調大破大立，唯有人民得以透過自我與群體的「權力意志」，進行一場翻天覆地、扭轉乾坤的「價值重估」，光是一九八七到一九八九年間，就發生了十七個社會運動（消費者保護運動、反汙染自力救濟運動、生態保育運動、原住民人權運動、婦女運動、農民運動，不一而足）；然而，若以和生活息息相關的環保議題為例，每個家庭今天依然寧願砸錢買飲水器、濾水器，也不相信政府可以協力改善飲水問題，不相信政府的公共工程，不相信政府會把納稅人的錢花在有意義的事情上。《野火集》所開創的公共空間、公共論述最後幾乎悉數垮台。我們除了對公共工程失望，對充斥各種call-in節目的公共領域更是充滿憤懣之情，藍綠相互責來怪去，以統獨、族群等簡單粗暴的符碼去詮釋別人，整個社會宛如陷入空前的災難，眼下只感到一片幻滅和迷失。

台灣經驗的無法累積，台灣價值的失落，如果歸咎起來，首先在於，我們只有蔣勳所說的「減的文化」，而沒有「加的文化」，也就是說，下一個政權往往處心積慮地，把上一個政權的文化連根拔起、剷除殆盡；其次，也許更重要的，過去台灣經驗或「現代性」被設定的模式，我們不得不承認，讓人往往看到的是，一個新的擴大的名利場，深深為它所展現的浮華世界所著迷，而看不見傳統、歷史、文化的價值；也正因為，眾人在實際生活中看不見人文價值、古典價值的作用何在，以至於，我們一度舉國引以為傲的台灣經驗，所謂經濟奇蹟，所謂民主政治，到頭來，都只是金錢遊戲與權力鬥爭的另一種形式而已。

過去創造經濟奇蹟的台商其實是一種幹練的個人主義典型，五湖四海、浪跡天涯，擅長單打獨鬥，雖然來自土地，卻嚮往海洋。時至今日，當我們對大自然的破壞已累積超過二十四個台灣所能承載的程度，當個人主義、消費主義成為當代社會的主流，虛擬的感官體驗充斥於電視、電子資訊的大海，大部分人似乎只能強調「隨機應變，快速反應」的競爭守則，選擇當一個只看得到「利」而見不著「義」的「獨眼龍魯賓遜」。這種「台灣製造」的魯賓遜，徜徉在個人主義的荒島上，憑藉著一台手提電腦和網際網路，下載一堆資訊軟體，陶醉於速度帶來的快感，不出門就可以跟全世界打交道，使台灣變得益發像一座波浪型的海島，一層層波浪迅速湧至，每一波都比前一波更快；速度感更強，淘洗的力量愈大，也讓人因為速度的追逐而抗拒更本質性、更根源的種種課題。

面對台灣經驗的失落，龍應台選擇在兩年前重出江湖，再度在人間副刊上大規模地放火，集結而成《面對大海的時候》一書，其中尤以〈在紫藤廬和Starbucks之間〉與〈五十年來家國〉最吸引各方的矚目與爭議。只是這回，野火變成了戰火，一波又一波批評和質疑的聲浪，放火的人幾乎差一點就要灼傷了自己。在龍應台開出的一系列文化藥方裡，關於現代公民的格局、素養和夢想，或者是相對於全球化和在地化，台灣跟世界歷史接軌的國際化問題，其實都是我們所熟悉的正字標記的龍氏正氣散。只是，當眾人迷失於統獨、南北分裂的此刻，當大家犬儒地選擇不表態，或假裝沒有任何意識型態，在特定歷史時空的這點上，龍明確提出她的價值觀，投射出她的意識型態，天真地要大家回歸中國文化，讓台灣成為「中國文化的燈塔」，不禁讓人有一種迂闊之感。讀者不免要問，舉世滔滔，都在擁抱全球性的海洋文明之時，連中國也積極投向西洋的懷抱之際，龍應台為何要回過頭去擁抱大陸——這一帖中藥，豈能不教人有錯亂之感？

面對大海的堂吉訶德

「堂吉訶德和桑丘放眼四看，見到了生平未見的大海，浩浩淼淼，一望無際，比他們在拉・曼卻所見的如伊台拉湖大多了。海邊停著一艘艘海船，正在卸船篷。可以看到上面張掛的許多彩帶和細長三角彩旗在風裡抖動，蘸浮著水面。船上喇叭、號角眾音齊奏，遠近軍樂一片悠揚。海船開動，頓時有無數騎兵應戰似的從城裡奔馳而來，都制服鮮明，馬匹雄健，船上戰士連連放炮，城上也放炮回敬。城上炮聲震天，驚心動魄，海船的大炮也聲聲相應。大地如笑，海波欲話，天氣清朗，只有炮火的煙霧偶爾渾濁了晴空；這種情形好像使人人都興致勃發。桑丘不明白怎麼海上浮動著的龐然巨物會有那麼許多腳。」（楊絳譯文）

在《堂吉訶德》第二部的結尾，拉・曼卻的「夢幻騎士」堂吉訶德離開了西班牙的內陸荒原，來到夢寐以求的巴塞隆納城，在那裡，他和他的傻子跟班桑丘生平第一次看到海，親眼見證大海時代來臨，心中的激動震撼自是難以言喻。也就在同年冬天，堂吉訶德幾乎可以說是了無遺憾地死去。話說回來，作為一個中古世紀的破落騎士，他的駑馬、長矛和生鏽的盔甲、盾牌畢竟是不屬於大海的，也因此，在塞萬提斯筆下，堂吉訶德只能落得，為一個時代的逝去，望洋興嘆。在我看來，堂吉訶德和龍應台，一個中古西方騎士，一個現代東方俠女，兩人都為拯救舊有價值而顯得或陳腐或迂闊，卻也都是偉大的武俠騎士理想的化身。甚至可以說，龍應台接續了堂吉訶德的精神，背負著維護古典價值的使命，在華文世界孤軍奮戰，踽踽獨行。

然而，與其說龍應台要我們回歸中國文化，不如說，在大海沖刷下的價值洪流裡，在台灣文明、文化的土石流中，她一方面教我們緊緊抓住古典文化構築的木筏不放；另一方面，又鼓勵我們定錨在世界歷史的大座標上，面向大海，勇敢出航。在這個層次上，我們發現，龍從女俠倏忽變成了女媧，試圖用大陸文化的泥巴，攙和海洋文明的水，捏塑出一種中西語俱佳，真正能與國際接軌的，新台灣人種。也就在這裡，龍應台的修辭策略，說故事的方式，開始顯得過於依附本質主義，過度為古典文化的鄉愁所引導。字裡行間，她讓讀者有種錯覺，誤以為今天的我們跟古典漢文化的關係，可以構成一種直線式的因果邏輯，似乎只要找出某些失落的意義環節，就可以輕易地恢復，重新打造失落的家園與世界。龍應台有所不知，「中國文化」或「古典文化」在台灣，往往與沉重的歷史教科書、官方的意識型態等義等值，不單是一般人避之惟恐不及的「政治不正確」，也是他們至今選擇，寧願不去面對的古典傳統與人文價值的大哉問。

期許一個有國際觀的新江湖

台灣的民主政治藍圖，向來都是嘈嘈雜雜，一點也不井然有序的，台灣人的處境或困境，也往往就像是，存在主義哲學家齊克果所說的，那種揚帆出航以後，才被匆匆告知任務的船長和水手。也因此，假如我們能認識自己的漂流狀態，掌握它的真實與不真實，就可以進一步認知，我們過去從哪裡漂流而來，找到自己的位置，也就能明白，我們為什麼會有龍應台所說的「文化精神分裂症」，了解我們的挫敗和迷失，找出突破這些困境的方法。即使台灣社會過去尚未，最近的未來也不一定能，產生一股「決定性的多數」（critical mass），去統合出新的價值秩序，我們也可以朝「決定性的個人」和「決定性的少數」的大方向邁進。說穿了，龍應台所傳承、傳遞的野火，其實就是一種烏托邦的想像，教導我們在現代的荒原上培養價值的火種，批判的火種，或點燈或放火，在眾多的小天地和大天地、邊緣和中央之間，找到一種新的文化串聯的策略，就等有那麼一天，小天地連結大天地，邊緣再一次反攻中央，把國民黨劫、民進黨劫，把當下令人十分難堪的「國民進黨劫」終結掉。

出乎那些力圖「去中國化」的台獨基本教義派的意料之外，龍應台的中藥處方，其實可在奠基於古典漢文明之上的當代日本社會，得到清楚的呼應。現代日本的身強體壯、腦清目明，分析起來，乃是以古典大陸哲學、東方宗教文化強身，再以西洋文化固腦，將東洋跟西洋文化融合，提煉出的一種東瀛經驗。只是，相較於日本人重視長時間累積，凸顯本質性的文化模仿與創造，當代台灣社會所呈現的，往往是一種渴望立即見效的，建構式速成拼貼文化。追究起來，我們得勇於承認，混血與變異恐怕才是台灣文化的本質。但，未來世界既有可能以夷狄的經典變華夏，也可能以華夏的經典變夷狄，我們又何嘗不能以龍應台的烏托邦想像為觸媒，大膽地進行文化跨界的實驗，嫁接東方和西方，大陸文化和海洋文化，讓台灣勇敢地從殖民歷史的「百年孤寂」中走出來，創造出某種更生野、更瑰麗的「異文化」也不一定？

中國歷史上本來就有一股源遠流長、不容忽視的民間生命力，一個不相信官方的小傳統，當被壓抑的民間力量日益壯大，它往往悖離中央，尋求創造自己的水滸或桃花源。四百年台灣，從鄭成功家族的海盜帝國到今天的民主法治社會，見證的就是這樣一股風起雲湧、蔚為大國的民間力量。在我樂觀看來，今天的台灣民眾已不復是昔日的市井小民，各行各業的蓬勃發展，見過風浪、見過廣大世面的台灣人，早已共同創造出一種，也許可以逕稱之為「江湖台灣」、「功夫台灣」的東西，正逐漸加速與「江湖國際」、「功夫國際」的接軌中。這樣一種擴大的江湖感，這樣一種國際性「江湖文化」，有別於「大陸文化」和「海洋文化」，而又能辯證性地結合二者，正是一個充滿想像力與創造力的「第三空間」。只有在這樣的制高點上看台灣社會，我相信我們才不至於，重演「小紅帽與大野狼」的加害者與被害者的遊戲，掉入藍綠陣營的「本土妄想症」、「中國妄想症」，或任何一種政治版本的本質主義陷阱中。也只有在這樣的制高點上，在這樣的建構式文化空間裡，我們才可望從仿冒代工的「海盜台灣」，成功地轉換為一個深諳東西文化，經紀中國與世界的「水手台灣」、「游俠台灣」；我們才可望溝通夷狄與華夏，溝通利與義，創造出一種新的江湖文化與江湖道義。

《野火集》出版至今已有二十個年頭，二十年的漫長光陰，足以讓整整的一代人凋零，讓新的一代人出生、成長。進步的真理與幻象似乎永遠共存，二十年見證了戰後台灣最重要的一個「時代」（Epoch），二十年又何嘗不能算是，一個小小的佛家所謂的「劫」。新一代的讀者們哪，不管你們是酷世代、炫世代，還是破世代、孽世代，民主政治只是一種（講究操作熟練度的）技術問題，並不牽涉價值的創造，從龍應台的部落格，到你們的部落格，也只有一種夢想的距離。如傅柯所說，我們一再發現自己處於開始的位置；因為這樣，我們更應當一起思索未來，以新的火焰挑戰者、文化挑戰者為己任，化被動為主動，大力叩問個體生命的意義，將我們共同的困境，化成一場戲劇性的自我追尋，擴張夢想的藍圖和座標，腳踢東西文明，甚至期待有一天，將龍應台的野火放回西方去。新一代的讀者啊，讓我們從批判的野火中浴火重生，鍛鍊出一種新的文化理念與價值的鍊金術——《野火集》本身正是這樣一部新文化的經典——把啟蒙的故事、野火的傳奇，繼續傳述下去。

二〇〇五年六月二十九日《中國時報》

（本文作者為詩人、作家）

燒遍兩岸的野火

王丹

《野火集》傳進大陸的高等院校的時候，我剛剛考進北大的國際政治系政治學專業。當時的我，正在試圖確立自己的人生方向。曾經是共青團幹部，曾經要求加入共產黨的我，這時已經開始意識到原來覺得毋庸置疑的現行制度，其實並不是我理想中的樣子，而中國需要的自由，是需要大家一起來努力推動的。問題是，應當如何去推動？

這個時候，《野火集》的意義在於：第一，它讓我看到了一種選擇，那就是，作為公共知識分子，以個人良知為基礎，秉持社會責任，以話語的力量瓦解與攻擊舊的秩序與觀念。對於理想主義熱情高漲的八〇年代大學生來說，這樣的選擇是最有吸引力的，因為畢竟，我們的職業道路是與追求真理的知識探尋息息相關的。體制內的從政之路與體制外的革命之路都還不是最現實的選擇。這就是《野火集》得以在北大等學校風行一時的深層原因；第二，龍應台的行文風格極具魅力。對於我們這些感受到一定程度的政治壓抑，又尋求答案的人來說，〈中國人，你為什麼不生氣？〉這樣的文章等於代我們喊出了內心的憤怒，同時又以清晰的邏輯論辯在我們心中引起共鳴。這並不是我一個人的感受。記得當時我們政治學專業的同學辦了班刊，取名就是《野火集》，由此可見《野火集》當時在大陸的影響力。可以說，龍應台是最早開始以話語介入中國大陸社會變革的台灣知識分子之一。這種介入，會合進八〇年代大陸啟蒙運動的洪流，最終引發了一九八九年的民主運動。從這個意義上講，龍應台放的這把野火，曾經燒遍了海峽兩岸。

現在在《野火集》問世二十週年之際，回顧《野火集》的意義與影響，我認為至少有兩點是值得討論的：

第一，對自由的追求與維護是不分地界的。龍應台當年的文章打動我們的，並非她具體批評的台灣的社會現象——對此我們了解很少，而是那種批判的精神和批判的立場。華人世界是一個共生共榮的共同體，這個共同體的健康發展，影響到共同體內每一個分支的利益。但是，今天，面對民族主義和意識型態的構成的複雜環境，華人世界的公共領域有沒有可能整合，話語力量的支配有沒有可能發揮更大效用，《野火集》曾經起過的作用有沒有可能在這種整合的基礎上重新出現，在在考驗著今天的知識分子。簡單講就是，今天的知識分子還要不要像當年的龍應台那樣去積極地介入社會？

第二，《野火集》集中批判的是社會現象，是人心。這一點至今仍然有啟示意義。就是說，當我們目睹政權轉移之後，仍然存在的種種問題的時候，我們是不是認識到，其實社會的內在改造，包括社會觀念、社會倫理等等的改造才是最重要，最有影響力的。

一個社會，如果連基本的倫理規範都還有待建設，這種時候唱一些道德層面的高調是沒有意義的。加入中國人連龍應台過去批評的一些小毛病，比如公眾場合大聲喧譁，都還不僅沒有改變，還理直氣壯的時候，你怎麼可能指望他們可以理性地心平氣和地談論兩岸關係呢？

因此，我一向以為，二十年前的野火，並沒有燒盡民族精神深處的蔓草。這把火，有必要再次點燃。

二〇〇五年五月十八日《中國時報》

（本文作者為中正大學客座助理教授）

從「當家」到「作主」

——二十年後重讀龍應台《野火集》有感

向陽

一九八四年十一月二十日，龍應台在《中國時報》人間副刊發表〈中國人，你為什麼不生氣〉一文，在這篇文章中，龍應台逐一列舉她回國一年所看到的台灣社會亂象，質疑這個社會為什麼不生氣？

就因為你不生氣、你忍耐、你退讓，所以攤販把你的家搞得像個破落大雜院，所以台北的交通一團烏煙瘴氣，所以淡水河是條爛腸子；就是因為你不講話、不罵人、不表示意見，所以你疼愛的娃娃每天吃著、喝著、呼吸著化學毒素，你還在夢想他大學畢業的那一天！你忘了，幾年前在南部有許多孕婦，懷胎九月中，她們也閉著眼夢想孩子長大的那一天，卻沒想到吃了滴滴純淨的沙拉油，孩子生下來是瞎的、黑的！

這篇文章是《野火集》的第一篇，其後龍應台以她敏銳的觀察、犀利的文筆，以及在那個尚未解嚴的年代中被視為「離經叛道」的觀點，陸續發表了〈生了梅毒的母親〉、〈幼稚園大學〉、〈不會「鬧事」的一代〉、〈「對立」又如何？〉、〈台灣是誰的家？〉等文章，在短短一年中，迅即引起各方熱烈反應——用龍應台的話來說，「習慣甜食的人覺得《野火集》難以下嚥；對糖衣厭煩的人卻覺得它重重的苦味清新振奮。」當時國民黨文宣、政戰單位幾近「抓狂」；在高壓戒嚴下無處傾訴苦悶的小市民、大學生和知識分子則對龍應台的「滋事」姿勢大表認同，四處散發這些被執政者認為「有問題」的文章。

一九八五年十二月，《野火集》出版了，不到一個月再刷二十四次，不到半年就超過五十刷，賣出十多萬本，這樣的熱賣現象，在八〇年代中期，大約只有反抗國民黨的黨外雜誌可堪比擬——但又不同，《野火集》平躺在大書店的入口平台，標識著「暢銷書」、「狂賣」、「推薦閱讀」的光彩，在讀者的口碑相傳中，燒出熊熊的火光，龍應台因此成為中產階級和知識分子要求改革的代言人；黨外雜誌則是在警總不斷的查禁、搜索和幾近「抄家」的抑壓之下，以「禁書」、「違反國策」的「汙名」而同樣在讀者的口碑相傳中熱賣，直到一九八九年四月七日鄭南榕為了堅持「百分之百的言論自由」而自焚為止。

龍應台的社會批判和「黨外」雜誌的政治批判是兩條不同的路線。一個在體制內發聲，要求從人民生活看得到的地方改革起；一個在體制外發聲並且採取行動，要求國家機器和體制的改變。兩者都是八〇年代的台灣社會和人民所需，沒有必要比較其中高下。龍應台實際上已經注意並對當時台灣的思想自由和民主問題有所質疑，遺憾的是，她的發聲平台是在國內仍受思想掌控的媒體上，這使她主張思想自由、要求民主政治的文章難以發表，《野火集》中對於台灣當時集權統治的現象之所以未發一語，是因為這樣的政治場域限制，而非龍應台不為。

事實上，龍應台寫了〈歐威爾的台灣？〉，以歐威爾在《一九八四》小說中虛擬但實際存在的「老大哥」集權統治，暗示台灣欠缺民主自由制，但這篇文章並未見報，到出書時才收入，可見當時媒體受到的壓力。另一個例子是，《野火集》出書之後（也可能是之前），龍應台寫了一篇〈天羅地網〉，以極其強烈的口氣質疑：

啊，是誰在製造這麼一個沒有逗點沒有留白沒有空間沒有思想自由緊得透不過氣來密得掙脫不掉使眼睛耳朵頭腦疲憊不堪天羅地網的環境？

這篇指向統治者製造「天羅地網」的文章，在我推估，應屬《野火集》寫作時期作品，然而也未能見於她的專欄，直到次（一九八六）年五月，才由龍應台親手交給我，於當時我主編的《自立晚報》副刊發表。《自立晚報》是當時比較能夠說話的本土報紙，長期向當局要求民主、自由與人權，是國民黨的眼中釘，〈天羅地網〉不在龍應台專欄，而在《自立晚報》副刊刊出，也說明了體制內改革者也遭到「老大哥」監控的無奈。

儘管如此，《野火集》從專欄到出書，燒出的「龍應台現象」仍不可小覷。當時剛從德國回來不久的龍應台，面對國民黨一黨獨大的專政統治，敢在國內大報批判社會、教育、環保問題，戳破膿包；敢說「廁所比偉人銅像重要」，「政府若失信於民，人民要有勇氣興訟」，戳破威權；敢在國民黨強調「光復台灣」的「德政」之前，要求「把台灣當成自己的家」，戳破神話……都替人民說出了放在心裡而不敢說出的話。龍應台把這些話拿到體制中大聲說出來，還「煽動」人民要敢於生氣。她讓高壓鍋蓋下的社會有了一個出氣的出口，讓國民黨無法使用對付「黨外」打壓禁絕的慣常手段壓制人民的聲音，並且對「黨外」體制外改革仍難影響到的中產階級產生意識型態的扭轉。這就是龍應台現象的意義所在，也是《野火集》對八、九〇年代台灣社會的影響所在。

從一九八五到二〇〇五，轉眼二十年過去，這二十年來，台灣的社會轉變快速，「黨外」成立了民進黨，並且取代國民黨主政，兩大兩小的政黨政治成形，加上言論自由、人權保障已經如同陽光、空氣——龍應台二十年前大聲疾呼的議題，看起來都已被解決。二十年前，龍應台筆下汙臭的淡水河、四處可見的工業廢水汙染、環保問題、交通問題，乃至於偉人銅像、口號、題字……都已經被這個社會以共識和整體的努力予以改善了。生氣、大聲抗議、遊行、反對政府、批評國家元首，乃至對台灣的國家定位與前途應獨應統、對於自身身分認同是台灣人或中國人，都成為公共領域可以討論、辯難的議題，儘管往往不歡而散，但至少問題被攤開來，被討論，也被「生氣」了——龍應台二十年前的野火，已經不「野」了。

但問題還是存在。龍應台二十年前質疑的、生氣的、看到或未看到的問題，仍然在二十年後繼續以同樣的或不同樣的形貌繼續存在、持續發生。一九八五年十月二十八日，她在專欄中以〈台灣是誰的家？——啊！光復節！〉為題預言：

> 四十年後的台灣，有想走而走不掉的人，有可以走而不走的人，也有一心一意在這兒今生今世的人；不管哪一種，只要他把這裡當「家」——心甘情願也罷，迫不得已也罷——只要他把這裡當「家」，這個地方就會受到關愛、耕耘、培養。怕的是，過了四十年仍舊不把這兒當家，這個家才會破落。信心不信心，在此而已。

龍應台二十年前觸及的，用今天的話來說，就是台灣認同的課題。走與不走，留與不留，心甘情願與迫不得已，如果我們都能把台灣當成自己的家，則藍綠、統獨、台灣人中國人的爭執，就會只是我們自家的家務事，不容外人干涉、不勞他人置喙——一個新時代已經展開，新時代台灣人的議題正在浮現，只要認同台灣這塊土地，認同民主自由與人權的最高價值，借用龍應台的語氣來說：

> 不管他是哪裡來的人，不管他要去哪裡，只要他把台灣當「家」，只要他把在台灣與他共同生活的人當「人」，只要他把自由、民主與人權的價值當「價值」，台灣就能成為人人安居的所在，而不假外求。

二十年可以很長，也可以很短。二十年前龍應台燒起的野火，曾經讓暗黑的台灣社會看到脫離集權統治的出口；二十年後，台灣社會已經走過黑暗，走到出口，卻發現前路分歧，因而徬徨四顧，不知左右何之？當此之際，龍應台的《野火集》重版再印，一方面讓我們得以重新檢視一起走過來的年代，鑑歷史之鏡，一方面更有讓此時此地的我們冷靜省思，如何擺脫族群和政治意識型態陰影，無分血緣、地緣，而以堅持民主自由與人權為共同價值的迫切性與必要性。

（本文作者為台北教育大學台灣文化研究所教授）

不能熄火

余光中

二十年前《野火集》初版問世，乾草烈風，很快就成為燎原之勢，火勢之大，不僅燒熱了文化界，甚至也燻出了廣大的市井小民，一時議論紛紛，掌聲壓倒了噓聲。不久我去台北演講，提到當代的女作家，曾以「龍捲風」來形容《野火集》的年輕作者。

「龍捲風」的風勢，二十年來雖然偶有間歇，卻未中斷，而在她卸下台北市文化局長一職之後，又倒捲回來，風力仍然可驚，風圈似乎更大，幾乎凡華文所及，都風起雲湧，風吹草低。

「野火燒不盡，春風吹又生。」這本書暢銷至今，足見台灣的社會與中華的文化裡，有一些東西是頑固到永遠也燒不盡的。儘管如此，只要風勢仍強，野火仍旺，我們的陋規惡習，文化底層的怯懦與自私，就不可能像莠草那麼漫山遍野，肆無忌憚。

應台是才學並高的性情中人，一生的作為其實都取決於自己的真性情。當年她從美國學成回台，在中央大學任教，並發表小說評論，似乎要成為學院派的批評家。幸好那些雜文並未鋪張成引文成串附注成排的「學術論文」；而自〈中國人，你為什麼不生氣〉刊出之後，她顯然就從文學批評轉向了社會批評。儘管「天還未亮」，解嚴還得等待三年，她英勇的筆鋒所指，已經是文化意識、社會陋習的種種患處，所以激起了有心人普遍的共鳴。

在五四之後七十多年，龍應台竟然還得像梁啟超那樣披上啟蒙先鋒的戰袍，用直接而有力的雜文，「筆鋒常帶情感」，來揭示我們社會的病情。那筆鋒，介於胡適的理性與魯迅的感性之間，但都能把握對事而不對人的原則。

在〈生氣，沒有用嗎？〉一文中，應台曾痛貶台北「是我所見最缺乏氣質、最醜陋、最雜亂的都市」。當時她恐怕全未想到，十五年後這醜陋的都市竟會請痛罵它的人來變化氣質。她竟然肯跟馬英九回台北來做首任的文化局長，大家都很擔心，擔心如此的文化英雄，怎能像駱駝一樣穿過市議會的針孔。果然上任不到十天，尚未進入會期，她竟已嘗到了一位女議員的警告，有一次對朋友說著，忽然大哭起來。朋友們都擔心，龍捲風真抗得住夜長夢多嗎？

不料風勢能伸也能縮，三年下來，颶風竟然變成了化雨。無論對文化遺產、耆宿故居等等的維護或利用，或是文藝活動的安排與倡導，應台都全力以赴，做得有聲有色，真正提升了台北市的文化氣質，而使馬英九的團隊成了一頭醒目的龍馬。台北市文化局舉辦或輔導的文藝活動，凡我參加的，都可以見證局長不但從容主持，而且無論用中文或英文致詞，都言之有物，流暢且有文采。

不過人在官場，當然無暇執筆，而且不容暢言。苦練三年之後，龍捲風終於恢復了自由，言路更寬，講台更大，聽眾更多，風勢更勁。她把講台搬去了香港，更為整個中文世界所注目、所聆聽。在統獨之上，中西之間，風聲不絕。至於毀譽，她似乎都不在意，因為有風過處，樹林總不免颯颯而鳴。

（本文作者為中山大學講座教授）

直言不諱與包容同等重要
——柏楊看「野火」龍應台

柏楊口述
丁文玲記錄

《野火集》是世界知道龍應台的開端。但是對我而言沒有差別，我早就認識她了。這人是本質上跟我相似的靈魂，只是她比較年輕，她相信中國人可以改變，我比較悲觀。中國人有一種固執，硬得很，例如有史以來官員缺乏道歉的傳統，也不知道慚愧，而平民老百姓們即使接受了某些事實，也不願意做些什麼，就算問題橫擺在眼前，兩年內鐵定不會有變化，甚至三十到五十年還是維持原狀，試問文字又能做什麼呢？不過話說回來，文化要是容易改動，就不是真正的文化了，所以還是需要我們這種振筆疾書之人。

我和龍應台常被相提並論，但是我們除了年齡差異之外，背景也大不相同。我當過兵，當兵時是不能有個人意志的，我曾受過這樣的訓練，所以寫作的角度也常在自身與群體間轉換，比較起來，龍應台的思維就個人化得多，當然，除此之外，我們看事情的方法也大不相同，各有所長。雖說不免有倚老賣老之嫌，但是我還是要說，龍應台有許多想法與做法，都是柏楊年輕時會幹的事，大概每個有志之士都要經過這一段吧！我晚年進入中庸之道，站出外面往裡看，認定龍應台的軌跡如此。

若說起我與龍應台之間，有件事情雖我倆意見不盡相同，卻不能不提，那就是二〇〇〇年的二二八紀念館續營風波。當時她與台灣和平基金會發生誤會，兩方都希望我出面調停，同為「外省人」，我雖然知道我說話不見得有力量，還是打了通電話給她。現在事過境遷，我要替她說句公道話，事實上，當時被外界質疑少年正盛、不接受異議的龍應台，是很積極想要了解與解決問題的。她一聽到我的聲音，就立刻說，您愈說我愈糊塗，不如我到您家吃飯，聽您說清楚。龍應台就是這樣直接率真的人，不多久後大剌剌跑到我家來吃飯，解釋完她因應此事的做法後，還問我：「您說我這樣夠不夠聰明？」我記得當時我也依自己的想法，很坦白地對她說不夠，還補了句，既然你已經問了，我就不能不說，免得你以為你自己真的聰明。有趣的是，她並沒有生氣。

我說這件事，是希望外界了解，文化的定義是浮動的，文化人最缺乏的就是包容和忍耐異己之心，身為一個文化人，直言不諱與包容同等重要，即使龍應台常受批評，但我認為她確實兼具以上兩種特質。文化人往往不是太溫和、太沒有主見、太阿Q，就是聽不下別人的意見，她既有自己的想法，又願意聽對方意見，或許媒體和與她意見衝突的人，應該多給她一點溝通的機會。

中國作家不值錢，猛寫十年不富，一日不寫便窮。文人提筆不是為財，多半為的只是一點理想，想對社會有功效成績，但因為文章價值都是由讀者或後人所捧出來的，抱著理想、不為名為利的寫作者，因此特別需要得到讀者的回饋與反應，我隱然感覺，龍應台應該也是這樣，並非天性喜歡喧譁。

我寫文章跟豬吃糠一樣，是不得已，不寫活不下去。天下不簡單，人權兩個字又進不了衙門，作家只能不停地寫作，才可能期望有渺小的機會參與或改變社會現況。我對作家的影響力有自知之明，不像龍應台，還年輕天真，還會抱怨「他們怎麼不看看我的書」，對於為文可以經世治國的自信心過強了。

仔細觀察，我和龍應台確實還是有很多相異之處的。我雖顛沛流離，但還是在中國土生土長，提筆是路見不平、拔刀相助的成分居多，龍應台則是受西方民主政治學問和思想刺激，反思中國問題。我們兩人看到同樣的弊端，可能會有不同的觀察面向與建議解決之道。有人批評我，只要是罵中國，柏楊就高興，罵得愈凶，柏楊愈開心，實際上並非如此。我寫文章，是想讓做錯事卻仍有反省力與良知的人，感受被殺頭之痛，希望辛辣中還帶有忠厚憐憫，龍應台應該也是如此，但她比較急。或許是因為我年紀較大，覺得和過去比起來，台灣與中國無論是民主或言論的自由，都見到了長足的進步，有種身在天堂的錯覺與滿足感，龍應台是恨鐵不成鋼，總還是希望中國有一天能比西方更強更好吧！

就像春秋戰國百家爭鳴，文明和民主都是你一句我一句罵出來的。我一直深信人性，諸惡多半是社會的結構或機制出了問題，而不是哪個人要與善或好的人事物相互敵對，人類是可以溝通、理解、說服的對象，作家如我和龍應台，就是生來要擔任這種針砭的角色，治療這個社會。

（本文作者為已故歷史評論家、作家）

三月的杜鵑

紀蔚然

倘若今天有人使盡吃奶的氣力、動員全身不平則鳴的分子寫作一篇篇短文，內容充塞劍拔弩張的字眼——「中國人，你為什麼不生氣」、「我覺得噁心，覺得憤怒」、「是誰在作踐我們的子女」、「我們這些市井小民不懂得自己的權利」——而後且集結成冊，名之《野火集》，我只能挪借散文家琦君的名言，說此人八成是三月間台大校園的杜鵑，瘋了。

二十年過後，龍應台於一九八〇年代控訴的情境很多未獲改善，我們的城市照樣醜陋不堪，我們的教育列車持續駛向斷崖，我們的交通依舊是色盲的橫衝直撞，但有一層面已徹底質變：台灣人，你太容易生氣了。現在沒人敢說台灣人民不懂得為自己爭權利，我們只要受到委屈就按鈴申告或在攝影機前哀天哭地，一旦被人倒債就冥紙雞蛋伺候，更猛的還會潑油漆、掐脖頸或開瓦斯自殺攻擊。台灣人的怒氣早已凝聚成千斤頂萬噸錘，要是大夥齊聚發功，那威力足可擊沉人人口中的寶島十數次。誰說台灣沒有核子武器？

台灣人真的很會生氣，致使下梁不正上梁歪，即連最應沉著、最不該當眾動怒的總統先生也有樣學樣。總統不怒則不威，但他大可於私底下跳腳踩扁帽或在政敵的照片上倒番茄汁，就是不該在電視上化身為終結者——Ah Bian, the Terminator——把嘴巴當烏茲掃射全台，搞得仇人盟友無一幸免，政客平民紛紛中彈。非但如此，總統還實踐魔鬼阿諾「I'll be back」的箴言，他真的回來主動續攤，並夾帶著手榴彈與轟天雷，二度開炮，把野火燒成漫天烽火。有這樣的訪談節目，誰還需要看動作片？那兩天，我坐在沙發看著螢幕上的阿扁，先是瞠目結舌，繼而視線漸轉模糊，只恍惚覺得畫面裡有一朵正在燃燒隨時會內爆的杜鵑。

台灣人，息怒吧。

二十年前龍應台要沉默的大眾勇敢地站出來說話，二十年後的今天，我倒企盼大家少講幾句。沉默的民眾早已變成饒舌的烏鴉，老是在那聒聒聒聒。一位藝人的死亡竟衍生出數以萬計的瘋言瘋語，朋友與記者嘰哩呱啦，熟識的與不識的嗚哇嗚哇，甚至連曾於海邊偶遇他的路人也有話要說。與死者攀上關係真能使我們無聊的日子增添點生氣嗎？眾聲喧擾，好不熱鬧，但從幕啟到幕落，人們卻無法從這齣人間悲劇感受到洗滌或昇華的絲毫可能。

台灣人，你話太多了。

並非針對每件事你我都得有真知灼見，毋須理會諸如「沒有意見哪算是現代公民」

的挑釁，我們要可憐這些憂國憂民之士，他們的生活除了政治以外其他一片空白。也並非一有想法就得公諸於世，野人獻 poop（屎）一番，何不將反射性、已受制約的念頭潛藏於心，不時修正，給它機會沉澱？我們絕對有保持緘默的權利。若某人因車禍躺在病床，他大可不必甫動完手術便向記者交代當時如何怵目驚心，事後又多麼情何以堪云云，但令人費解的是，受訪者往往選擇說話，即便是吃力地掀動著半麻醉的雙唇，他也執意娓娓道來：「阿就，車子就突然翻了，我就跟著翻了，然後就昏了。」說完，他又昏了。

好吧，若說有人不講話會悶死，我只能拜託：來點新鮮的。語言窒礙思考，廢話連篇導致腦袋一鍋子焦油。大部分時候，政治名嘴尚未開講，我們已經猜到他們要說什麼，因為這批人除了意識型態與個人恩怨以外，少有另類見解；更多時候，娛樂名人尚未啟口，我們已經知道他們只會插科打諢，耍弄白癡連字遊戲。還有，對那些覺得此生沒上過電視便枉走一回的「市井小民」，我只能奉勸：不要把嘴巴當作語言絞碎機來用。既然上了鏡頭，煩請把握良機認真表現，想說就好好說，從丹田出聲、從內心發話，別「大舌又愛提」，一逕支支吾吾，哼阿耶啦是吧對啊……

寫著寫著火氣不請自來，台灣人果真易怒。寶島的天候原本四季分明，如今時序倒錯，天天都是淡啊淡的三月天，杜鵑花開在山坡上。

我們可以飛越杜鵑窩嗎？至少，二十年前《野火集》的作者認為可以，否則她不會寫那些文章，否則她不會錯估自己擁有批判的距離，擁有歸國知識分子的制高點。如今，距離是我們不可能享有的奢侈。大家同在一個窩裡，唯有自欺欺人的蒙混時刻，才有人膽敢胡言自己是「惡水上的大橋」。台灣已成一座危橋，我們就是惡水。

切莫問我答案在哪，我只知，它在瘋中飄揚。

（本文作者為台大戲劇系教授）

一把野火燒出一片天

馬森

時光流水般地逝去，一晃眼間《野火集》已經二十歲了！如果是一個小孩子，已到了舉行成年禮的時候，算是已經長大成人。我有幸曾親眼目睹他的誕生，又親眼看他漸漸長大，成為影響當代社會發展的一個舉足輕重的人物，心中實在感到無限的欣慰。誕生在一九八四年的「野火集」是偶然，也是必然。

順著記憶的線索，應該先從我認識龍應台說起。一九八三年秋，我應剛成立的國立藝術學院之邀，從倫敦大學請假一年返國擔任客座教授。翌年，趁居台之便，一口氣出版了四本小說：《北京的故事》（時報版）、《海鷗》（爾雅版）、《生活在瓶中》（爾雅新版）和《夜遊》（爾雅版）。就在這一年，也是剛從國外回來的龍應台在《新書月刊》上發表了一篇批評《夜遊》的文章，接著又發表了批評我另一本小說集《孤絕》的文章，這兩篇後來收入《龍應台評小說》的評論成為我們接識的媒介。由於我們都剛從國外回來，有一些共同的感受與共同的話題，當然也由於龍應台是一個非常熱情、觀察細膩、思想又十分開放的人，很對我的脾氣，言談之間容易產生契合的愉悅，因此很快地我們就成為相熟的朋友了。

在高信疆擔任《中國時報》副刊主編的時期，曾邀我為也是由他主編的《時報周刊》寫過一個「愛萝屯隨筆」的專欄，愛萝屯是我對加拿大 Edmonton 市的音譯，時在一九七七年我在加國阿爾白塔大學任教的時候，從此以後與《中國時報》的編者有了來往。一九八二年金恆煒繼高信疆之後主編《中國時報》副刊，繼續邀我為人間副刊開了「東西看」和「述古道今」兩個專欄，都是每星期見報一次。從一九八二年一直寫到一九八四年，也有些累了，很想停筆休息。就在這時候，龍應台出現在我的眼前。由於她的小說評論顯示出她思路的清晰，文筆的洗練與辛辣兼而有之，是我心目中寫專欄的上乘人選。同時，應台的〈中國人，你為什麼不生氣〉在人間副刊已經掀起風潮，但她與恆煒並不相識，因此我特意邀應台與恆煒便飯，介紹他們認識，恆煒為人積極，也是個很能賞識人才的主編，一見之下即說妥了為人間副刊開闢專欄的事，於是「生氣」就變成「野火集」專欄了。「野火集」的第一篇文章見報後，就是我的那篇〈下台一鞠躬〉在人間副刊刊出的最後一篇專欄。

我說是偶然，因為這件事來自那時候我偶然的一個念頭；我說也是必然，則是因為像應台這樣的才華，遲早會被人發現的，沒有《中國時報》的「野火集」，也會有其他報刊的「野火集」或「XX集」。

「野火集」誕生之後，適逢政治上從專政過渡到民主，文化上脫離封閉走向開放的歷史轉折時期，果然立刻燒紅了台灣的半邊天！台灣報紙上的專欄何其多，但真正發生影響的則寥寥無幾。醬缸文化（借用柏楊先生的用語）為時過久，撼動不易。我在為人間副刊寫專欄的那兩年，也曾有過向腐朽勢力敲擊的經驗，不想竟然遭遇到恐嚇和圍剿。後來應台的「野火集」則遭受到更多與更恐怖的威脅，恐嚇、圍剿之外，甚至有激烈的讀者到她門前來撒冥紙。「野火集」雖然招致保守勢力如此的厭惡與反感，但確是給台灣的社會丟下一顆響亮的震撼彈，動搖了一些腐朽的、蛀蝕的原來還以為足以擎天的梁柱，更重要的是為廣大群眾的那些自以為是的鄉愿思想進行了一次痛快的洗滌。

「野火集」使龍應台在台灣成為家喻戶曉的人物，也因此成就了她源源不絕的理性而犀利的篇章，漸漸贏得廣大讀者的喜愛，以致使她的那把野火從台灣延燒到香港，從香港又延燒到大陸，而終於有今日我們所見的足跨海峽三岸的一個社會的良心、醬缸文化的諫諍者——龍應台！

（本文作者為成功大學講座教授）

非線時代的線性記憶

陳浩

提了筆才想起來，二十年前有過這樣的畫面：在某個場合裡跟「有關單位」起了爭執，我堅持她這人「單純得可以」，那位則沉著臉說「她很危險」，誰也沒說服誰。那個年頭他們無所不在，處處都在，記憶的牆壁上少不了他們的爪痕。

一九七〇年代的後半在台北過的大學生活，中壢事件，台美斷交，選舉中斷，美麗島事件，現在看來像是二十一世紀的台灣的序曲，對當時年輕的心卻是澎湃的政治啟蒙。羅斯福路的台大門口常有精采的政治演說，有一排違章建築的矮簷下的書攤，下大雨時擠不下兩行人通過，就在雨天邂逅謔謔的李慶榮，談著他寫的「莫把反共當遮羞布」的文章，沒兩天就聽聞他被逮捕。激情與餘悸，滋味難辨的歲月，誰又不是單純得可以，哪知道危險在哪裡呢？

但那距離龍應台在人間副刊發表野火集裡的文章，被有關單位釘上，也已有十年之遙。十年之間的故事已經有太多，入獄的，判刑的，滅門與墜樓，代夫出征，查禁雜誌……那年採訪受刑人家屬選舉新聞，靠近政見台邊，經常就被後方擲來拳頭大的鈔票捲打到頭，當時「小額政治捐獻」都是這樣。有一天回到報館，平時活潑充滿議論的編輯部，突然鴉雀無聲，一片超低氣壓，任誰都緊繃著臉，偷偷問才知道，當晚警備總部要來視察大陸資料室。這種鏡頭也永難忘記。

再過了幾年，肅殺之氣稍減，報館的言論氣氛仍然沉悶，但窗外的黨外運動已有了勢頭，我猜那兩年該是有關單位員額最膨脹的時候，台灣社會鬆動得厲害，他們想壓又不知如何動手，只好多找人看著。化身成師長親友同學同事，隨時從角落裡窺視，有時現身探問，有時齜牙咧嘴，分不清喜怒。那兩年最常遇見他們，偶爾周旋也像應酬。卻常惦記著當年下山師父教的「心法」：耐著性子跟他們講道理，說話要慢，想好了再說。

那次說話時，「野火」還沒結集，見過一次龍應台，覺得她文章和人都透著天真，還有那種超強的女生的正義感。對我們這些半公開的為黨外雜誌寫稿，日子過得挺忐忑的人，龍應台沒有一點政治性。讀她的文章，渾然天成，痛快淋漓，但總覺得是第二前線的衝撞，哪有什麼「那位先生」講的危險？因為打心底不怎麼服氣，說話的口氣就快了些，那位先生就變了臉色，沒有了笑容，「老弟啊，告訴你，她的文章很有煽動性！」

那可是第一次跟他們不歡而散，我也只是聳聳肩，想，鞋子舒不舒服，只有腳知道。

那段回憶丟開了就是二十年。後來從八〇年代的後半走到九〇年代的整十五年，台灣的民主政治發展路徑像是某種線性的（linear）想像，一步一腳印，一個格子一個格子的開放，像是滿合理的因因果果，尤其到了兩千年的那場大選，像是某種線性發展的必然結論。舊時代成了光影碎屑，而有關單位們也像是《駭客任務完結篇》裡速速縮化消失的鋼烏賊，變成遠處的小黑點點。

然後就留下我們在二十一世紀新的政治非線性（non-linear）年代裡，玩兒字謎遊戲，藍色的字一堆，綠色的字一堆，用拼貼出來的字樣猜想民主新樂園的格局。當年言論陣線裡的臉譜，豬羊變色，才沒幾年就追上了時尚界的新標語：新態度就是新衣著。沒趕上高速車流的，就在「自療失語症」的路標指引下了交流道。

龍應台倒是沒一絲恍惚，力氣還是很大，為整一代人理著思緒。從二十年前的那一天以後，我就再也沒敢把她放在第二前線看，我多少還是從言論檢查者的眼神得到了啟發，他們缺席的年頭，並不那麼輕易被遺忘，看到鄰居牆壁上深深淺淺的爪痕，自然就能想像夜半刺耳難忍的折磨人的聲音，我們都聽過的。

那天她在人間副刊和大陸的《中國青年報》同時發表的文章，我那沉睡多年的警覺又被喚醒。可能許多像我這輩對七〇年代和八〇年代的台灣有深刻記憶的人，對今天的中國大陸仍有切膚之感，希望更合理更不壓迫人說話的體制，也能在彼岸長成，祝福那些用脊梁骨頂住壓力的人們。

（本文作者為資深媒體人）

現在，龍應台，正「捨末逐本」

——她借孫文的話問道：中國有四千年文明，為何無一地如香港者？

張作錦

二十年前，龍應台問：「中國人你為什麼不生氣？」後來大家生氣了，把一個受批評的政權換了，人們能放心大膽的講話了，很多有形和無形的束縛都解脫了，政治人物在街頭和議會更是「生氣」蓬勃。

但是，那似乎並不完全是龍應台所企盼的社會。自然環境的破壞愈來愈嚴重，藥物和食品仍然在假冒偽劣，婦女、兒童和老人的生活仍然得不到安全，教育從一個銬鏈換上另一個銬鏈，很多人的行事準則還是靠權力而不是靠真理……台灣，似乎依舊是龍應台「生梅毒的母親」。

二十年前，龍應台踩著台灣的土地，吃台灣米，喝台灣水，眼裡、心裡都是台灣，看著生活在台灣的人不爭氣，自利，自我，她忍不住斥責：「你是誰？你憑什麼就做『沉默的大眾』，等這少數人努力了，甚至犧牲了，你再去享受他們的成果？」

因為追求明顯而立即的效果，那時龍應台的話不免說得直一些，嚴一些，也顯得急吼吼一些。那把「野火」若是燒得人不痛，大家就沒有感覺嘛！

以後去了德國，看了歐洲，旅行了世界很多地方，親歷世局諸般巨大變化，龍應台觀照的範圍更大了一些，思考的層次更深了一些。她借用香山少年孫文十九世紀末年在香港提出的問題：「香山、香港相距僅五十英里，何以如此不同？外人能在七、八十年間在一荒島上成此偉績，中國以四千年之文明，乃無一地如香港者，其故安在？」

此刻的二〇〇五年，龍應台正在香港，這個糾纏中國知識分子幾百年的問題，她也同樣在思索。我們看得出，她正在「捨末逐本」，想從紛陳的眾議中爬梳出一個能使國家文明的主軸。她的結論，也許就是「文化」吧！

「文化」很難簡單說明，很難定義，但是清明的政治靠它，健康的社會靠它，和諧的人際關係靠它，科技的進步發展也靠它，現在更有人提出「文化是明日的經濟」。

為了印證自己的主張，龍應台曾捲起袖子下海，到她不諱言「我所看過最醜陋的城市」台北市當了三年文化局長，希望把台北打造成一個有人文內涵的都會。也許她對自己的筆更有信心，辭了官，回復作家的身分，也回復她的寫作生涯。她把文字化作生命的墨汁，噴灑向在港澳的中國人，在台灣的中國人，在大陸的中國人，和在海外各地的中國人。若是多數人能認同和響應她的觀點，那就是中國人集體的自省，是一次波瀾壯闊的「維新運動」。

不是龍應台獨有這種「雄心壯志」，這是任何一個有責任感的知識分子都必然要走的歸程。屈原與昏庸腐朽的政治對立，堅持改革和進步的要求。「長太息以掩涕兮，哀民生之多艱。」把百姓幸福置於自己痛苦之上。雖然打擊來了，但「亦余心之所善兮，雖九死其猶未悔」。九死其猶未悔，哪有不受折磨的屈原啊？

那年龍應台離台赴港，去陽明山與她話別。時值盛夏，蟬鳴滿山。「聽，這蟬叫得多放肆！」她說。第一次聽到有人用「放肆」形容蟬鳴。這話是揄揚，是斥貶，或只是妙手偶得的寫實？

蟬是一定要叫的。叫，是牠生命能量的發皇，也是牠的責任。

要叫，那就叫得「放肆」點吧！

（本文作者為資深媒體人）

檢驗龍應台
——關於《野火集》二十年

楊渡

現在回想起來，《野火集》是在美麗島事件之後的悶局下，燃燒起來的。那時黨外雜誌已經如火如荼在地下發行。只要你是熟客，重慶南路、台大附近都可以找到已查禁的黨外雜誌、禁書，和剛剛被翻印出來的三、四〇年代的文學作品。

相較於黨外雜誌的辛辣內容，龍應台的文章，其實沒有比黨外雜誌更勇猛，內容沒有更直接。但它是一個可以在報紙發表的文章。這就是龍應台與我們的不同。

她選擇了一個角度，一個射擊手的目標。既可以讓讀者感受到她進步的一面，但又不直接讓當政者覺得充滿敵意，而加以摧毀。

黨外雜誌是對體制的全面否定，從骨子裡就反國民黨。而龍應台是從社會現象出發，構成批判的內容不一定是針對威權體制。有時是社會、文化，所以相對也較間接。這其實不是她所獨有，而是那年代，所有自由主義知識分子的共同特色。他們出之以文化學術的包裝，為的就是打破威權體制，呼喚一種改革的氣氛。因為美麗島事件之後，台灣社會太沉悶了。但龍應台和老式的自由派知識分子不同之處是，她文筆好，批判直接利落，筆下常有激情，具煽動力。這是她最受矚目的原因，也是文化管制當局不滿的地方。

當時黨外雜誌已經開了批判的、反威權的出口，地下出版刊物連《宋家王朝》都大賣特賣，所以，龍應台的文章還是在當局可容忍的範圍之內。只是她的影響力和黨外雜誌不同。她影響了一大群平時不看黨外雜誌的中產階級、小市民、年輕知識分子，從而讓他們有初步的自由主義思想，走上了反威權體制的路。

從這角度看，龍應台是知道如何媚俗的。她懂得在威權的禁忌與被容許的極限之間，尋找到那微妙的平衡點。一條既有幾分危險的高度，但又不至於掉落而亡的地帶。她走在其間，贏得最大掌聲。

龍應台並不是徹底的批判者。她未曾直指國民黨、威權體制、文字控制、蔣家等，而是批判某些個別單位，如文工會、警總、地方政府、官僚、政客等。但她就是不會直接批這個總體的體制。

這便是她聰明的地方。她既可能被查禁，因為文筆火辣；卻找不到被查禁的理由。因為她所談的，都是現代國家與民主政治的常識。她走在邊緣上，巧妙的閃躲了政治的火炮。

迄今為止，龍應台仍是這個不徹底的批判者。她說兩岸和平，卻對軍購問題迴避。她從未在本土問題與台獨法西斯問題上表態。雖然在德國生活多年的她，明知台灣在選舉中的種族主義與法西斯氣氛，是多麼接近納粹當年的德國。雖然，她應該比誰都清楚，本土化的目的，不是反對國際化，而是去中國化。但她選擇了以國際化，來閃避本土化與去中國化的矛盾。

龍應台有勇敢的一面，有媚俗的一面，也有她智慧的閃光。

但可以指出的是：二十年前，那個可以閃閃躲躲，以模糊的自由派姿態，來緩和矛盾的時代，已經過去了。現在是一個兩極化的時代。不是龍應台想不想，而是當政者就是如此思考。他們認為，你不是同志，就是敵人，不是台獨，就是統派。

龍應台無可閃躲的是，她的血統就是不正確的，外省籍。這一點，往往讓她無意中自卑起來。這不是龍應台所獨有，而是我的許多外省籍朋友常有的原罪。他們未被批判壓倒，卻被民進黨所塑造的原罪氣氛，從內心裡壓扁了。而龍應台，由於她的傲骨，還算是自我壓抑最少的人了，卻無法免除。我知道這麼說，或許龍應台會不服氣。但我想說，當二〇〇四年大選結束後，龍應台所發表的支持那一次選舉的文章，恰恰是被那個社會氣氛所壓扁的證據。否則，沒有一個知識分子會同意那一次選舉，有符合任何一點點，即使只是一點點民主自由的基本原則。

龍應台所無法迴避的是：作為一個自由主義者，她如何在統獨與兩極化的氣氛裡，維持她獨立自主的思考與人格完整。要知道，這在以前不是什麼大不了的勇氣。但在民進黨執政後，我眼看著往日的自由派學者、知識界的朋友、當年學生運動的純真熱血，一一成為權力祭壇上的汙血、血糕，獻給了無品無格的政客，連一點知識原則都把守不住，就深深感到知識人是多麼容易下沉。人性如此脆弱，我有一種看見時代悲劇的安靜，如同見到歷史的鏡子，閃出冷靜的迴光。

我不知道龍應台有沒有以前的勇氣，用當年檢驗國民黨的標準，一樣的檢查民進黨。用一樣的標準，進行批判。但我知道，這是檢驗龍應台最好的標準。看看她是不是一個符合她自己所要求的自由主義者。但這不僅僅於龍應台為然，於我也一樣，時代會繼續檢驗著我們的信念與品格，沒有例外。

如同一首歌說的，「有些事情你不必問，有些人你永遠不必等」。但龍應台還是值得等的人。我們等著，看她繼續出招。

（本文作者為資深媒體人）

自由精神與文明標準

——給龍應台的一封信

楊照

龍應台：

我手邊有一本一九八七年二月出版的《野火集外集》，將近二十年的老書了，這本厚度超過三百頁的書，你應該記得，除了最前頭五十幾頁，是你寫的文章，其他都是別人對《野火集》的回應。

這些回應，有來自熱情、崇拜的讀者，不過卻也有很多表達了對你不以為然的嚴厲批評。最驚人的是書中第二輯，收了好多篇當年刊登在《青年日報》上的文章。《青年日報》，是軍方的宣傳媒體，《青年日報》的文章，代表了當時保守體制對你的「定調」。

那調子是，時而輕蔑、時而肅殺。光看題目就可以感覺得出來，〈醜陋的推銷術〉、〈「火把」與「火災」〉、〈「野」論「野」調可休矣！〉、〈踩熄這一點「野火」〉、〈「二毛子」的心態〉、〈不能再「放野火」了！〉、〈被割斷的喉嚨〉……

我翻開手頭這本舊書，不期然地發現年輕時候的自己在上面紅筆潦草寫的眉批。也許算不上眉批，比較接近是閱讀中無可克抑的發洩吧！都集中在《青年日報》的那幾篇文章，都只有短短幾個字，抄了給你看看、給你笑笑。

「什麼？」「可笑！」「無知！」「荒謬！」「更荒謬了！」「God! God!」「Again!」「無言以對！」「Damn!」「哈！」「哈！」「Oh! Oh! My Lord!」「唉！」「你到底在侮辱誰？」……

看到這些我本來不記得寫過的感言，我憶起了「野火現象」延燒時，曾經如此急於選擇和你站在同一邊，不，毋寧是選擇堅決和你的敵人站在對反立場的情緒。

我因而赫然理解了，當年「野火現象」藏著的力量來源。龍應台，當年的你，在一點上，很像美國民權運動時的馬丁路德・金恩博士——你們都擅長激發出對手最惡劣、最殘暴、最粗糙的一面。

五〇、六〇年代，金恩博士學習聖雄甘地的精神，鼓吹和平不抵抗的運動。非暴力，但也不合作。金恩的主張，看似再和平不過，然而老實說，民權運動的進展，過程一點也不平和。

真正使得美國社會覺醒，正視黑人平等民權問題，其實是南方白人所暴露出的惡劣、殘暴與粗糙。非暴力的運動能夠有所進展，其實是靠挑釁激發了南方白人種族主義者的暴力行為。金恩博士刻意挑選最是惡名昭彰的白人警長，到他管轄的城鎮進行示威抗議。抓狂的白人警察揮起棍棒打在手無寸鐵、不抵抗不反擊的黑人身上；狼狗凶殘地攻擊面目祥和、準備為正義而犧牲的黑人。這樣的畫面，透過報紙和新興的電視傳出去，震駭了一般美國人，儘管都是白人，他們不可能願意跟這種南方警長成為同類；甚至，正因為他們是白人，他們更要努力與如此暴力無人性的南方警長劃清界線。

你的方式、你的策略，當然不同於金恩博士，但顯然有一種效果卻是相同的。「野火」引來了體制對你的反撲，「野火」與既有保守體制，在那個台灣的關鍵年代，對峙成兩個旗幟再鮮明不過的陣營。你和體制的對決如此醒目，逼著社會上每個人自問：「那我要站哪一邊？我該站哪一邊？」

為了對付你，為了要消滅你，正如那些《青年日報》的文章彰示的，體制舉起了他們的棍棒，也放出了他們的狼狗。在那個決定性的瞬間，很多就算原來不見得同意你的人，都被體制的那副嘴臉惹毛了，他們，不，我們，心底變得再明白不過——不可能繼續擁護這種無理而愚蠢的體制，不應該允許這種粗糙的輕蔑與肅殺，繼續控制我們的生活。

「野火」燒起了體制的怒火，沒想到發火了的「體制」，那種猙獰面目引來了群眾更大的、不可抑遏的怒火。以火攻火，以正義之火攻非理愚蠢之火。

不見得全是《野火集》造成的，不過那個時代整個社會爆發出一股確確實實和「野火」同步同調的激烈情感——我們不應該再忍耐了！

「已經忍耐夠久了，為什麼還要再忍耐呢？」這是《野火集》送出的核心訊息；「你怎麼可能怯懦到這種地步，對明明不可忍耐的事，還繼續忍耐？」這是你寫《野火集》時，最厲害最有效的挑釁修辭策略。

的確，不能再忍耐了。我記得，就在《野火集外集》出版的同時，一九八七年二月，我寫了一篇關於「二二八」的小說，題目叫〈煙花〉，裡面有一段是我自己外祖父遇害的真實過程。當兵時的放假日，躲在空無別人的軍官寢室，邊寫邊哭，小說最終結尾時，我讓一個原本退縮、清靜的學者，突然覺悟：「不能再這樣怕下去了！」

小說結束在如此的覺悟上。那是我當時能想得到的，面對歷史悲劇與威權體制，唯一的生路。寫小說時，我並沒有想到「野火」，然而今天回頭一看，是的，「不能再這樣怕下去了！」正是「野火」的訓誡，正是那個時代風起雲湧的集體熱情。

多年以前，在別的場合，我曾刻意強調地說：龍應台最大的長處，就是「憨膽」。我猜你或許曾經對我的形容感到不豫吧？然而如果真的明瞭「憨膽」的內涵意義，你應該會釋然吧！

「憨膽」的「憨」，是《論語》裡孔子說：「其智可及，其愚不可及」的古典本意。很多聰明人早就看穿了幾十年威權體制的荒謬與粗劣，可是聰明人同時一併看穿了，或自認看穿了威權體制的巨大與無所不在。聰明人還耳聞或旁觀了過去曾經站出來批判體制、挑戰體制的人，得到的是怎樣的下場。聰明人只能得到一個答案：愈壞的體制愈恐怖、愈打不倒，所以我們還是忍耐吧！

忍耐那沒有自由，尤其是思想自由與價值自由的狀況，勉強善用體制留下來的一點行動自由小小空間。聰明人相信：如果僭越去挑戰思想與價值的自由，很可能連僅存的一點點行動自由都將失去，多麼划不來！

「憨膽」的龍應台，沒知道那麼多，也沒想那麼多，大剌剌地就用一般人都聽得懂的常識語言，揭穿了體制的虛偽。這種勇氣需要別人沒有的「憨」來支持，換句話說，只有當一個人不知其行為是勇敢的，當他沒打算要當烈士，他才會表現出一股理直氣壯來。正義的理直氣壯。

是你的理直氣壯，搞得體制手忙腳亂；也是你的理直氣壯，弄得體制灰頭土臉。理直氣壯到把人家《青年日報》上圍剿你的文章，大剌剌編成書，廣為流傳。

看著《野火集外集》，讓我聯想起一個美國新聞界、評論界的怪人，和一本一九二八年出版的書，怪人是孟肯（H.L. Mencken），怪書是，一本全都是臭罵孟肯的文章合集。

孟肯愛罵人，而且筆鋒刻薄犀利，罵人者人恆罵之，被罵不稀奇，稀奇的是這位老兄跟你龍應台一樣，自己編了人家臭罵他的文章，然後強迫幫他出書的出版商，一定也要出這樣一本罵他的書。

孟肯編那本書、出那本書的動機很怪——他要留下證據，證明這些「一般的」美國人多恨他多討厭他，免得後世忘記了，還以為他跟同時代的美國人一樣糟一樣差。

孟肯驕傲到一定要跟自己的社會劃清界線。你在出《野火集外集》時，是否也有一點點這種驕傲心情呢？

孟肯的驕傲，是有背景、有來歷的。他活在世紀之交，美國城市快速膨脹，大批原散居農村裡的人，聚擠到城市討生活、找機會。城市生活還來不及讓這群人擺脫過去狹窄生活塑造的單調價值，這些人反過來用他們的單調價值評斷城市，進而改變城市。

孟肯在大城巴爾的摩（Baltimore）出生、長大，受的是強調歐洲文化的教育，最相信的是尼采的「超人哲學」，從事的又是必須不斷接觸、報導外在世界最新變化的新聞工作，這些條件使得他和那群新進城的人，特別格格不入。

在孟肯眼中，「一般的」美國人，是封閉、固執、盲信的鄉巴佬。孟肯先是加入了《聰明組》（*Smart Set*）雜誌，後來還找人合夥辦了《美國水星》（*American Mercury*）。這兩本雜誌，和一九一四年創刊的《浮華世界》（*Vanity Fair*）、一九二五年創刊的《紐約客》（*New Yorker*），都是所謂的「聰明雜誌」（Smart Magazines），擺明了就是要「鄉巴佬」們學習「聰明」，看見城市、看見文化，看見外面廣大而豐富的世界。

一九二八年，評論家威爾森（Edward Wilson）半開玩笑地說：「全美國一半以上的大學刊物，都努力讓自己看起來像《美國水星》。」這說明了：「聰明雜誌」就算沒有真正讓美國「鄉巴佬」們變聰明，至少成功塑立了一種文明標準，一種「聰明」的典範，想要炫耀自己「聰明」的大學生，自然而然就服膺《美國水星》所代表的風格與精神了。

孟肯不是個可愛的人。不，孟肯是個極度討人厭的人。自大、傲慢，渾身散發著菁英主義的氣息，甚至還帶有讓人受不了的種族歧視概念。然而，在那個美國歷史上的特殊時點上，如此不可愛的人卻建立了一項可愛的典範。用今天流行的語言說：孟肯和那些「聰明雜誌」，讓美國「與世界接軌」。美國從一個遠離歐洲文明世界，落後、粗俗、自以為是的社會，轉型成為二十世紀文明的新中心。

孟肯和他所崇拜的尼采一樣，終生寂寞。他要那樣傲慢地跟自己的社會、美國的群眾劃清界線，怎麼可能不寂寞？他支持納粹和希特勒，美國左派當然不愛他；偏偏他又反宗教、最喜歡嘲弄清教徒，美國右派也不會愛他。他當然寂寞。

龍應台，你不是孟肯。你雖高傲卻有著一張親和的臉孔，還有誠懇的笑容。不過我想你會同意，你跟孟肯一樣，在台灣關鍵年代，藉著那熱烈如火的文字，強迫長期封閉的台灣，去面對兩種東西——去面對更廣大的「未知的世界」，還要面對廣大世界逐步建立起的文明標準。

當年你的文章，藏不住對「封閉」的不滿。頑固、刻板、不真實的口號、不變通的教育與管制，這些別人視之如風車般習慣的事物，你卻清楚知覺它們是再可怕不過的敵人。而這些，正就是二十年前台灣社會的「鄉巴佬」個性。

不相信人之所以為人的根本價值、不懂得尊重個性，把每個人看成幼稚園學生來管，而在沒人管的地方，缺乏文明自制力的人就把自己的生活搞成像野獸般失序不堪，這是二十年前台灣「鄉巴佬」個性的癥結。

所以你號召自由、要求鬆綁，更重要的，宣揚尊嚴，個性的尊嚴。在那個時代，回頭讀《野火集》，我確認了，你提出的文明標準，正就是「自由精神」。

台灣向外開放必須補課的文明學習重點，正是自由，以及自由帶來的自尊自重。打倒那無所不在、卻一點也不文明的威權，還我們作為個人以個性呼吸的自由。

《野火集》裡，文明標準與自由精神二而一、一而二，相加相乘匯聚龐大的號召力量，這應該可以部分解釋你的風潮與浪濤吧？

二十年前，二十年後，台灣發生的最大變化，恐怕也就在「文明標準」與「自由精神」之間的關係吧！二十年前，你可以用解放自由精神來塑造文明標準，想不到，我想不到，我猜你也想不到，二十年後，人們卻以自由為名，用自由來摧毀文明標準。

自由精神不再能帶來文明標準，反而摧毀了台灣面向世界，「與世界接軌」時，接受學習文明美好事物的機會。

我們看到的這個台灣社會，最棘手的問題在，它大剌剌地宣告：要用自由意志選擇封閉、粗淺、庸俗與自以為是。它自由自在地拒絕了所有比較精緻、複雜、高貴的東西。它只要做自己，不想理會外面的世界在幹麼、要幹麼。

從政治到社會到文化，我常覺得這個社會擺了一張臉孔，對這個世界說：「我就不理你們，怎麼樣？」

選擇做世界社群中的「鄉巴佬」，並以此為榮，以此為自己選擇的個性。

幾年來，這種狀況讓我困惑，更讓我感慨。威權打倒了，自由爭到了，不過取而代之的，不是精緻、複雜、高貴的文明標準，而是自發的、自滿的粗淺、庸俗與封閉。

怎麼辦？二十年後，你想出什麼樣的方法，可以再像二十年前那般激發這個社會的熱情，去愛去擁抱世界，去愛去擁抱精緻、複雜、高貴的文明標準嗎？

我討厭孟肯，然而我卻多麼羨慕他們那個時代，羨慕那些辦「聰明雜誌」，堅決追求更精緻、更複雜、更高貴文明標準的人。

一邊讀《野火集》、《野火集外集》，我一邊期待，你和孟肯之間的相類似處，除了都編過出版過別人罵你們的文章外，還會有對於點燃一個社會「聰明」熱情的共同貢獻。

（本文作者為作家、文學評論家）

再點野火

漢寶德

龍應台，在我心目中，原是一個毛頭小夥子。

話說民國六〇年代，自由中國尚未十分自由，經濟也未曾起飛，年輕的知識分子心裡都有一些悶氣，但是除了三五好友在客廳裡發發牢騷外，並沒有發洩的管道。

當時尚年輕的《中國時報》，想突破這種低氣壓，找年輕的小夥子高信疆當「人間」主編。他打電話來要我寫專欄。這本是發言的機會，然而在媒體上亂發議論，我沒有心理準備，只有從文化觀察的角度下筆，對台灣社會的一些現象提出質疑。在今天看來，那些文章已經很不帶勁了，可是頗合當時報紙的胃口，所以受到鼓勵，一寫就寫了好幾年。老實說，我的文章，談理太多，不但讀者極少反應，連我自己都看膩了。所以「人間」換了幾次主編，對我興趣消失，我就樂得退卻了。

配合時代的需要，「人間」歡迎有衝擊力的作家。這時候我看到了「野火集」。以「人間」專欄的「前輩」身分來看，頓感龍應台的熱力。我心裡想，他們從哪裡找到這樣一個不知天高地厚的小夥子，膽敢這樣振筆直書，觸動台灣遲鈍化的神經！真不簡單。後來打聽之下，才知道龍應台不是小夥子，是小妮子！

我就是龍應台所批評的那種「四平八穩、溫柔敦厚」的「前輩」作家。我與她相同的，是沒有做官的打算，所以並不在乎傷政府的心。只是我受傳統的教育，批評卻不願意對人刻薄。我所不能說出的話，龍應台說了，我也感到痛快，不禁對這位勇敢的小妮子敬佩三分！

最使我感到興趣的，是「野火集」中所燒的，大都與我所關懷的問題近似。龍應台以文學家的敏感所體察到的社會病態，與我自建築家的立場所感受到的相差無幾，只是我比起她來，更缺乏信心。表面上看起來，她的文字很銳利，言辭間火氣十足，但在這樣的文章背後，亦顯示她不但對台灣社會懷有深厚的感情，而且表示她對台灣社會的未來懷有信心。她相信，通過她的文章可以激發社會的良知，形成改造的力量。使我們的未來，看到一個進步、合理而開明的社會。

讀她的文章，使我感到慚愧。我寫文章的心情太像一個無關痛癢的第三者了。我分析一些不合理的現象總是以文化的觀點去解釋，文化是傳統，並不是說改就改得了的。因此我寫文章數十年，寫來寫去，拿不出一個辦法來。談文化，把一切問題找出文化的源頭，其結果就會諒解，而不再指責，也就不再生氣了。因此也就徹底絕望了。

啊！我就是龍應台責罵的，不再生氣的中國人！

坦白的說，我不相信龍應台的野火會燒得掉文化的積弊。但是毛頭小夥子的怒火，會使我們反省，早一些檢討我們行為上的缺點。她的怒火只問行為是非，不問來源，不找解釋，是標準的行動派。

在二十年前，野火所燒的，是無能而專斷的政府，才會引起無數鬱悶的被統治者的共鳴。她所關心的問題全是社會性的，但是她舉出的每一件荒謬的事例，無不歸罪於怯懦的民眾、顢頇的官員與荒唐的制度，一經認真追下去，全可以怪政府的無能。這是幾千年來，中國知識分子的心聲，只是在絕對權力之下，敢怒而不敢言。龍應台勇敢地打破了這個禁忌，為知識分子追求的言論權立下汗馬功勞。與傳統的知識分子一樣，她沒有去挑戰政權本身，只是關懷民間痛苦而已。也正因為如此，她才沒有因文致禍。

今天的台灣已是民主社會，政府是民選出來的，再多問題也怪不了別人，再燒野火，恐怕也只能促生社會反省，已不能再引起二十年前的共鳴了。而龍應台也自責罵政府，一度粉墨登場，當起官來。大家不免要看看，你罵別人，看你如何做官！她以行動派的作風當官，做得還真不賴，辭職時，人人都要留她。但是以她文筆所及的天地，文化的場域未免太小了，實在施展不開。她應該做更高的官，當一位市長也未嘗不可。

希望恢復作家身分的龍應台，再點一把火，燒燒逐漸淪為民粹的台灣社會吧！

（本文作者為已故建築學者）

且賦招魂
——為《野火集》出版二十年而作

龔鵬程

聞知《野火集》之出版已二十年了，心頭悚然一驚。清人詞：「道是廿年彈指，竟風光全別。真不信尋常亭榭，也例逐滄桑棋劫。」這二十年間，老了少年，換了朝代，台灣城市鄉鎮之面貌亦頗多變遷。而更重要的，是現在這個社會已跟舊時迥異，令人難以辨識。故撫今追昔，特具滄桑之感。

當年野火燎原，時在戒嚴末期。龍應台揚風縱火，從〈中國人，你為什麼不生氣〉到〈台灣是誰的家？〉，燒的，不但是戒嚴體制下各種管制的辦法和心態，更是每個人在具體生活中對自己的無能。

延續了五四運動以降的「國民性批判」之傳統，結合著台灣的社會現實，龍應台針對中國人逆來順受、得過且過、自掃門前雪、乖乖聽話的態度，鼓舞大家不要做幼稚園大學生、機器人中學生，對自己周遭社會的不公不義不善，要勇於表達不滿，並進而去改善它。淡水河臭了、觀音山濫墾濫葬了、大家吃到假奶粉餿水油了、金融發生十信案了、環境有寶特瓶了，大家都不能只做沉默的大眾。

如斯云云，在當時批判戒嚴而集矢於政治不民主的論調中，特顯一種重視公民意識之傾向。簡單說，就是國家興亡，匹夫有責。台灣是誰的家？是每個人的。因此誰都不能對這個社會的髒亂漠不關心，滿腦子只想去美國。

這類言論，把批判的矛頭，由指責他人（國民黨、政府、權勢者，乃至任何其他人），轉向每個人自己。說明：正是因為每個人在道德上的怯懦和未盡義務，才讓罪惡遂行。宰制的政權和缺乏公民意識的民眾，乃是共犯，合謀斲害了台灣。

這種反省精神，事實上正是台灣所缺的。透過反省，才能真正建立主體意識，讓台灣和每一個住在這兒的人找到自我。龍應台當時大概這麼想。

可惜野火燒不盡，春風吹又生。《野火集》固然暢銷數百版，還衍生出原住民表演團體「野火集」、教改運動者的《教改野火集》等，電子版甚至更有正版、註冊版、破解版，足見火勢之旺。然火雖猛矣，燎原之後，野草依然長得處處都是。且因燒過的草灰變成了肥料，草，竟長得愈發茂密了。

食品藥品之造假、山林水土保持之破壞、金融體系之弊端、教育中之管制與缺乏創造性……豈止依然故我，抑且早已踵事增華，蔚為更嚴重之問題，遠遠超出吾人當年之想像。以改革舊體制為名而崛起的反對運動，愈趨壯大，甚至建立了新政權。但丟失了自我反省的精神以及實踐的主體意識後，遂只能用別黨不配合、別人不服從、別國威脅我來掩飾自己的無能；只會以變更名號圖騰，來建立台灣的主體性，以致終於成為當年改革運動之異化。龍應台當年說：台灣是誰的家？是我們的家，所以我們要愛它、大家一同努力讓這個家變好。現在的人則說：台灣是誰的家？先來界定界定吧！誰愛台灣？先來比賽誰有資格愛、誰喊得大聲吧！

韋伯在〈普選與民主在德國〉一文結尾處曾說：「民主化，意味著國家機器必然要夷平社會等級結構，這是無可改變之事。唯一可選擇的是：或者公民大眾在一個只有議會制外表的科層制威權國家中，既無自由也無權利，國家就像管理牛羊般對公民進行『行政管理』；或者是國家以使公民成為『共同統治者』的方式，把他們整合到國家中。」如今，當年的龍應台曾想號召所有公民，成為自己的統治者，把國家整合到公民中去。而把台灣政治民主化的結果，則是國家成功整合了一部分人，讓他們成為國家的工具；而把另一部分人視為讎敵。這一部分人則深感自己已無自由又無權利，只如牛羊般被行政管理，故或氣沮、或憤懣、羞與為伍、或望望然而去，覺得台灣已不是我的家。

因此，原是為了提升台灣而寫的戰歌，現在看來倒像一則見證台灣衰亂的證詞，歷史在這兒開了個大玩笑。

也因此，重讀《野火集》便彷彿招魂，想重新呼喚那久遭異化的公民意識與反省精神啊！

（本文作者為盧森堡歐亞大學馬來西亞校區校長）

聯合報

入夜後的灣裡毒煙瀰漫
咳嗽氣喘皮膚炎患者多
當地醫師不敢斷言是否戴歐辛之害
居民開始感到害怕但不敢公開抱怨

開發利用各項資源
注意生態環境保育
政院指示參考國外作法技術
有效防制公害保存文化遺產

禁止廢電纜進口
可能造成反效果
蘇南成表示如可不禁
擬設粉碎電纜工業區

華裔學生陳念修
榮獲科學成就獎
四年前來美曾就讀長春國小
自己打工籌學費數學根基好

戳刺弟弟「囟門」致死
女童被疑兩度「行兇」

雙和外債高達一億

1983.7.10

聯合報

燃燒電纜濃烟向南
樂了灣裡苦了茄萣
檢查國中生胸腔發現有陰影
許多居民呼吸氣管病變不斷

社會文明的指標・反映自然的韻律！
台灣第一個鳥類生態保護特區
將在關渡中興橋河段一帶設置

內政部將修正現行法令
提高房屋租金上限
開置房舍徵空屋稅
住宅租賃條例完成初稿

車禍中車體起火
映照出人性光輝

1983.7.11

聯合報

櫥窗決戰
台北市百貨公司

灣裡
劇毒的溫床

1983.7.14

◀一九八三年七月，台南灣裡戴奧辛事件

中華民國七十二年七月十三日
中國時報
星期三
第三版
省衛生處檢驗多起油麵含有硼砂
通函各縣市加強輔導抽驗、對不法商人決從重處分
北市業者請求暫緩取締、已遭衛署正式覆函拒絕
希望生意興隆 應重商業道德
衛署拒絕製麵業者要求 消費者基金會表示讚揚
這種劇毒豈止要命
灣裡空氣戴奧辛含量高得驚人 超出人體能容受的五十倍之多
公賣局煙酒成「私賣」？ 配銷處胡亂搞「促銷」！
啤酒長壽大量配售、轉入地下 福利社獲不當暴利、還能逃稅
檢肅流氓 取締賭場
何恩廷要求所屬 應清除不良幫派
加速改革監所業務 大衆參與矯正犯罪
李元簇在編協大會指出 希望傳播媒體多予鼓勵
灣裡和茄萣民衆體檢 未發現染戴奧辛毒素
警探大破「軍火庫」 抄獲許多「眞傢伙」
三人暗地設廠、私造槍械彈藥 企圖販賣圖利、決依叛亂法辦
雷霆追緝八要犯 楊雙伍排名榜首 獎金十萬，賞格最高
他就是「雄雄」間諜
高市三信搶案二審判決 韓國崴仍被處死
王曉在泰投奔自由 救總指撥專款援助

▲一九八三年七月十三日《中國時報》三版
食安問題

中華民國七十四年七月二十五日　星期四　中央日報　第八版

內政部已派專人瞭解拆毀左營舊城事
國建會專家學者認不可原諒
蘇南成強調是拆遷願受處分

圖上：左營舊城古蹟拆除前。
圖下：舊城拆除十九．五公尺後情景。

臺塑丙烯醛酯廠故障
氣體外洩致污染空氣
林園石化工業區不明氣體來源查出

港僑觀光中橫車禍原因查明
係司機疲勞失控
遊覽車公司昨出面處理善後
傷者轉送長庚尚餘五人留醫

高市太陽神公司大火
凌晨仍在灌救中
損失至少達數千萬元

為了拓路而拆毀古蹟
兩學人深感不可思議
建議加強共識妥善維護文化資產

茄定海邊查獲大陸私貨
價值千萬五人被捕

因車禍受傷港僑
僑委會派員慰問

供應不潔食物
客人吃了中毒
高市萬國餐廳總經理公訴

高速公路鋼架滑落慘劇
檢方調查有無過失
工檢會派員勘現場

▲一九八五年七月二十五日《中央日報》八版
高雄左營舊城拆除事件

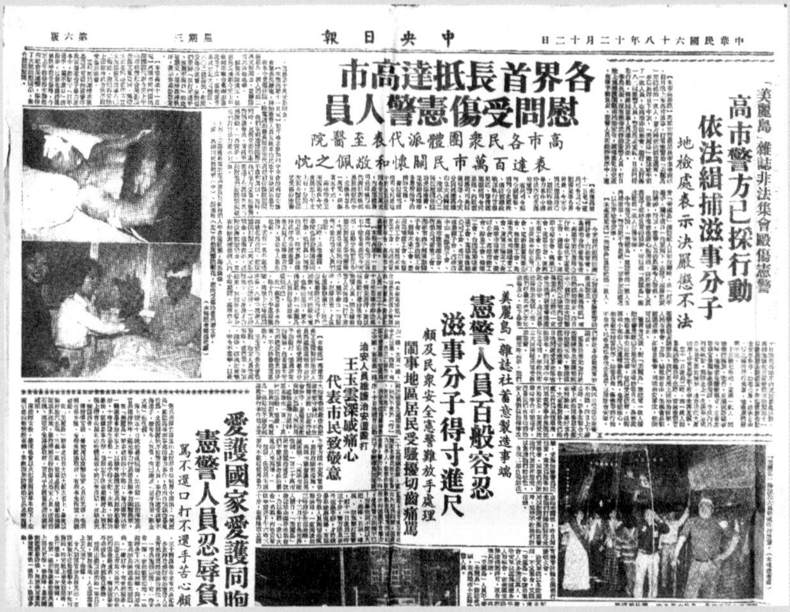

中華民國六十八年十二月十二日　中央日報　星期三　第六版

各界首長抵達高市
慰問受傷憲警人員

高市各民衆團體派代表至醫院
表達百萬市民關懷和敬佩之忱

「美麗島」雜誌非法集會毆傷憲警
高市警方已採行動
依法緝捕滋事分子
地檢處表示決嚴懲不法

「美麗島」雜誌社蓄意製造事端
憲警人員百般容忍
滋事分子得寸進尺
顧及民衆安全憲警難放手處理
鬧事地區居民受騷擾切齒痛罵

王玉雲深感痛心
代表市民致敬意

愛護國家愛護同胞
憲警人員忍辱負
罵不還口打不還手苦心頗

中華民國六十八年十二月十四日　聯合報　星期五　第三版

伸張法紀拂曉行動・暴亂分子逐一就擒
警方經過兩天偵查・證據齊全毋枉毋縱

林義雄首先被捕
施明德匆忙逃走

周平德俯首無言
楊青矗拒捕未遂

且聽黃信介怎麼說！
本報記者 黃年・陳秀玲

警總呼籲社會大衆
勿以報復手段洩憤

誤解羣衆的
低估政府的

▲一九七九年十二月十日美麗島事件之後，《中央日報》和《聯合報》的報導

一九七九年八月十六日《美麗島》雜誌創刊號

一九八四年六月十一日《新潮流叢刊》創刊號

一九八五年十一月二日《人間》雜誌創刊號

一九八七年三月十二日《新新聞》周刊創刊號

▲ 一九八〇年代，衝撞體制的力量醞釀集結

ASIA

Police clash with demonstrators in Taipei: An Orwellian campaign to stifle the press

TAIWAN

Taipei's 'Thought Police'

The year was right—1984—and the words certainly had an Orwellian sound to them. It was last October when a select group of men gathered at the Armed Services Officers' Club in Taipei to discuss the scourge of "thought pollution" and the "rampant flood of illegal opinion." "Cultural warfare must be expanded and waged more effectively," declared one government official. Those with "opinions that slander the head of state," vowed another senior officer, "must be severely punished." The participants were high-ranking figures in the government of Taiwan, and they were apparently plotting a task worthy of Orwell's Thought Police: smothering Taiwan's political opposition by a dose of censorship.

The minutes of that meeting, leaked from within the Taipei government, soon appeared in three dissident magazines. That tended to support the contention of Taiwan's beleaguered opposition that the ruling party, the Kuomintang (KMT), has stepped up its campaign against the dissident press. And actions since have left even less doubt.

According to the International Committee for Human Rights in Taiwan, a monitoring organization based in the Netherlands, acts of government censorship are dramatically on the rise. The group listed 187 incidents last year, compared to an annual average of 30 prior to 1984. In addition, Taiwan's League of Opposition, an outlawed anticensorship group, has already documented 207 acts of confiscation, banning and suspension of magazines this year. For their part, KMT officials deny any orchestrated crackdown; the increased acts of censorship, they insist, are simply a statistical outgrowth of the mushrooming number of publications recently venturing more open criticism of the government. "A lot of people say we are too strict in dealing with freedom of speech," says Lee Mo-ping, head of the publication affairs department. "I think we are too lenient."

Taiwan's Constitution guarantees freedom of speech, but that right has often been a casualty of Taiwan's perpetual state of martial law, which permits censorship of material that "confuses public opinion and affects the morale of the public and the armed forces." The sole judge of what might confuse public opinion or affect morale in Taiwan is, of course, the government.

Thunder Weekly: Penalty

The KMT began loosening some of its restraints on the press five years ago. The result was a great leap forward in the number of independent magazines—and Taiwan's emboldened opposition took full advantage of their long leash. Dissident publications became increasingly harsh in the tenor and substance of their criticisms, and they found no shortage of incidents to write about. None was more embarrassing to the Taipei government than the murder late last year of Chinese-American political writer Henry Liu. In April Taiwan's former military intelligence chief was found guilty of instigating the crime, and two of his deputies were convicted of being accessories to the murder.

The KMT's tolerance snapped. Beg[illegible] ning in March, agents of the Taiwan Gar[illegible] son Command, the chief martial-law age[illegible] cy, raided the offices of such dissiden[illegible] publications as Torch and Progress—of[illegible] without search warrants—and confiscat[illegible] more than 20,000 magazines. To preve[illegible] distribution of publications that escap[illegible] such confiscation, the command now po[illegible] hundreds of agents at newsstands and boo[illegible] stores to identify buyers as well as intim[illegible] date dealers from selling.

Additional "legal" pressure comes in th[illegible] form of libel suits that often pro[illegible] ceed directly from charges to sentenci[illegible] with barely a semblance of due proces[illegible] Defendants have been denied the right t[illegible] present evidence or witnesses, and the dam[illegible] age settlements—such as the $75,000 fi[illegible] slapped on the magazine Voice of Thund[illegible] Weekly in June—are excessively puniti[illegible] by Taiwan standards.

Shabby Practices: But even critics of th[illegible] KMT's tactics acknowledge that Taiwan[illegible] dissident press is often guilty of shabb[illegible] journalistic practices. Antonio Chiang, ed[illegible] tor of the opposition Asian Weekly, co[illegible] cedes that many publications are run b[illegible] people completely inexperienced in the r[illegible] diments of reporting. But he and others no[illegible] that they are denied the normal process [illegible] news gathering. Dissident publications a[illegible] not permitted to have reporters. The publ[illegible] cations have devised their own tactics [illegible] survival, however. In order to skirt freque[illegible] suspensions, editors purchase a handful [illegible] licenses, which they call "spare tires," wi[illegible] different names that can be used inte[illegible] changeably for the same magazine. Th[illegible] publications also glean information fro[illegible] reporters in the mainstream press who a[illegible] frustrated by establishment newspape[illegible] that refuse to print anythi[illegible] that remotely smacks of cri[illegible] cism of the government.

Still, the KMT crackdow[illegible] has left much of the oppo[illegible] tion press reeling—and gro[illegible] ing in the dark for some wa[illegible] of striking back. Chiang, fo[illegible] example, has seen his Asia[illegible] Weekly—considered one [illegible] the most reliable of disside[illegible] magazines—banned for fiv[illegible] weeks straight, and he says h[illegible] has no idea why. "I hav[illegible] asked [the government]," h[illegible] says. "But we don't eve[illegible] know who's responsible. Ev[illegible] eryone is faceless." In terms of number[illegible] dissident newspapers and magazines a[illegible] hardly a threat to the KMT. At the begi[illegible] ning of the year, opposition publication[illegible] accounted for a mere 14 of Taiwan's 24[illegible] political magazines; now, only seven hav[illegible] survived. Still, the battle goes on. Alread[illegible] the mavericks have organized demonstra[illegible] tions and are planning to petition the go[illegible] ernment. "I don't expect much," sa[illegible] Chiang. "But I plan to fight to the end."

PAULA CHIN with PAUL MOONEY in Ta[illegible]

8 NEWSWEEK/AUGUST 5, 19[illegible]

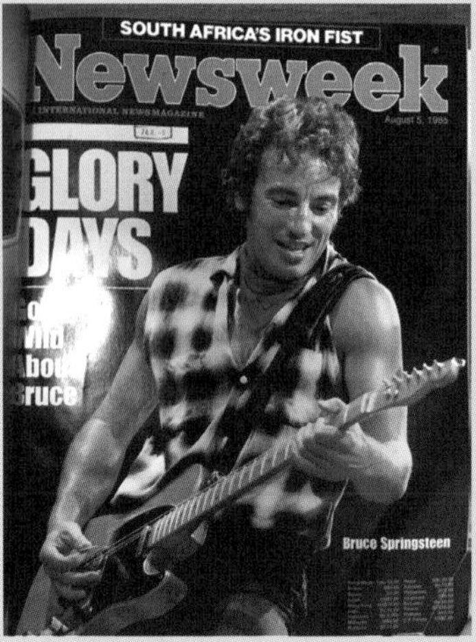

一九八五年八月五日的Newsweek雜誌

一九八〇年三月三十一日Newsweek雜誌

▲國際媒體形容一九八〇年代的台灣，宛若歐威爾《一九八四》裡的警察國家

中華民國七十六年七月十五日 星期三 中國時報 農曆丁卯年六月二十日 第一版

中國時報
CHINA TIMES

總統宣告今起解除戒嚴

範圍包括台灣本島及澎湖地區
動員戡亂時期國安法同日施行

外滙管制大幅放寬

新種個人理財工具陸續推出
金融市場展現嶄新氣象可期

美對我解嚴表示歡迎
認有助加強中美關係

全斗煥與盧泰愚之齟齬及復合

迎接一個新時代的來臨！

解嚴是政治革新創造政治奇蹟的起步
解嚴是我們國民民主法治修養的考驗
解嚴是全國同胞更加團結自強的開始

中華民國團結自強協會

▲一九八七年七月十五日《中國時報》頭版「總統宣告今起解除戒嚴」

龍應台作品集 05

INK PUBLISHING

野火集
三十週年紀念版

作　　者　龍應台
總 編 輯　初安民
圖片提供　龍應台
責任編輯　孫家琦　陳健瑜
美術編輯　林麗華
校　　對　吳美滿　呂佳眞　孫家琦　陳健瑜

發 行 人　張書銘
出　　版　INK 印刻文學生活雜誌出版股份有限公司
新北市中和區建一路 249 號 8 樓
電話：02-22281626
傳眞：02-22281598
e-mail : ink.book@msa.hinet.net
網　　址　舒讀網 http://www.sudu.cc

法律顧問　巨鼎博達法律事務所
施竣中律師
總 經 銷　時報文化出版企業股份有限公司
電話：02-23066842（代表號）
地址：桃園市龜山區萬壽路二段 351 號
印　　刷　海王印刷事業股份有限公司

出版日期　2016 年 1 月　初版
2019 年 9 月 5 日　初版七刷
ISBN　978-986-387-080-7（平裝）
定價　299 元

國家圖書館出版品預行編目資料

野火集：三十週年紀念版 / 龍應台 著；
--初版，--新北市中和區：INK印刻文學，
2016. 01 面；公分.（龍應台作品集；05）
ISBN 978-986-387-080-7（平裝）
1.言論集
078　104027314